Ernst Stankovski

Wir haben es uns
so gemütlich gemacht

Texte eines Schauspielers

Nymphenburger Verlagshandlung

© Nymphenburger Verlagshandlung GmbH,
München 1976
Alle Rechte, auch der photomechanischen Vervielfältigung
und des auszugsweisen Abdrucks, vorbehalten.
Satz: Wild+Breier, München
Druck: Jos. C. Huber, Dießen
ISBN 3-485-00254-2

Kaffee ist Kaffee ist Kaffee...

Aufhänger bitte!

Der Alltag eines Schauspielers setzt sich bekanntlich zusammen aus 1. Partys, 2. Autogramme schreiben, 3. Interviews geben. Letzteres erfordert Intelligenz, darum ist bei jedem Interview ein Journalist anwesend. Der Journalist fragt. Der Star antwortet. (Eigentlich gibt es ja heute gar keine Stars mehr. Die Stars haben das schon gemerkt, nur die Boulevardblätter noch nicht.) Der Star, oder sagen wir besser der weitverbreitete Darsteller, erzählt also... von seiner Laufbahn, von seinen Erfolgen... von seinen Hobbys, von seinen Erfolgen... von seinen Hunden, von seinen Erfolgen... und von seinen Erfolgen. Der Journalist schreibt das alles mit und sagt dann: »Danke, das liest kein Mensch, wir brauchen einen Aufhänger.« Ein Aufhänger ist nicht etwa ein Kleiderbügel, sondern die Schlagzeile, die den Leser interessiert. *(Mein Hund hat mir den Glauben an die Menschen wiedergegeben.)*
Liebe interessiert immer (wer mit wem), und ein besonders tragfähiger Aufhänger ist Hochzeit, besonders für weibliche weitverbreitete Darstellerinnen. Bei der Gelegenheit kann die Künstlerin auch ein paar

passende Worte über das Glück sagen, oder über das Leben so im allgemeinen, das mögen die Leser gern.
Trotzdem, auch versierte Weitverbreitete bringen es selten auf mehr als fünf Hochzeiten. Also hängt man Stars auch anders auf. Besonders beliebt ist das geistreiche Bonmot aus Künstlermund (*»Eine schöne Frau ist wie ein Bächlein, wenn man drüberspringt, kann man reinfallen«* – Curd Jürgens). Am wirkungsvollsten aber bleibt doch das persönliche Erlebnis des Prominenten, die lustige Begebenheit, die sogenannte *Story*.
Eine Story soll sein: kurz, originell, pikant, lustig, allgemeinverständlich, ganz privat und vor allem: wahr! Denn in der Zeitung lügt man nicht, es sei denn, über den Umfang der Autogrammpost.
Ein normaler Mensch erlebt nie eine Story. Ein Prominenter auch nicht. Darum sind die meisten Storys erfunden. Wer wirklich mal eine erzählenswerte Geschichte erlebt hat, verschweigt sie dem Journalisten tunlichst; wie die Erfahrung lehrt, gibt dieser sie völlig falsch wieder. (Was die meisten Prominenten nicht stört, weil es in erster Linie darauf ankommt, in der Zeitung zu stehen. Das hat ihnen ihr Manager gesagt.)
Man könnte ja auch den Versuch machen, die Geschichte selber zu schreiben, aber da

bekommt man Ärger mit dem Chefredakteur,
weil der ja auch an seine Leser denken muß.
Und an die Anzeigenkunden, versteht sich.
Am besten, man hebt sich die Story für die
eigenen Memoiren auf; die schreibt dann
ein Ghostwrighter – und der ist Journalist.
Damit ist die Sache wieder im Lot und der
Leser versteht wenigstens, was gemeint war.
Selber schreiben darf man (außer Ansichts-
karten und Steuererklärungen) nur Verse,
Monologe, Dialoge und Manifeste. Das liest
nämlich sowieso niemand, und darum reden
auch die Anzeigenkunden nicht drein.
Mit so was lockt man keinen müden Fernseher
hinter dem gleichnamigen Schirm hervor,
damit wird man nicht weitverbreitet und
schon gar kein Star. (Eigentlich gibt es ja
heute gar keine Stars mehr. Das Publikum hat
es schon gemerkt, nur die Illustrierten noch
nicht. Aber das hatten wir schon.)
Eben läutet das Telefon. Ob ich nicht eine
lustige Geschichte aus meinem Alltag wüßte?
Entschuldigen Sie bitte, ich muß mal Pause
machen und nachdenken.
Sollte man ja öfter mal machen, sagen mir
immer wieder Leute, die es auch nicht tun.

Mach mal Pause

Aufstehn – Waschen –
Anziehen – Frühstück –
Zeitung – Ärgern –
Pause – Weiter –

Schlecht geschlafen –
Müde Ringe –
Heute abend
Wieder Pille –

Schnell ins Auto –
Radio – Schlager –
Ärgern – Abdrehen –
Pause – Weiter –

Bremsen – Dummkopf
Kannst net herschauen –
Fast ein Unfall –
Pause – Weiter –

In der Stadt dann –
Keinen Parkplatz –
Lange laufen –
Ins Theater –

Probe – Endlich
Anfang – Denkste!
Diskutieren –
Reden – Motzen –
Text zum Kotzen –
Nicht zum Sprechen!
Diskussionen –
Ärgern – Hängen –
Regisseur spricht –
Regisseur spricht –
Und schon wieder
Diskussionen –
Endlich – Pause –
Probe – Ende.

Ins Kaffeehaus –
Einen Schwarzen –
Kellner – Zahlen!
Kommt kein Kellner –
Ärgern – Rennen
In den Rundfunk –
Sitzen – Warten –
Tratschen – Pause –

Pause – Ende –
Endlich – Weiter –
Mikroprobe –
Achtung – Ruhe –
Störung – Geht nicht –
Technik – Scheiße –

Wieder warten –
Zu spät fertig –
Schnell zum Schneider –
Keinen Parkplatz –
Pause – Ärgern –
Endlich – Lücke –
Rauf zum Schneider –
Hose sitzt nicht –
Nochmals kommen –
Blödsinn – Runter –
Auto steht schlecht –
Strafe zahlen –
Ärgern – Pause –
Weiter – Weiter –

Schnell was essen –
Schnell aufs Postamt –
Schnell ins Auto –
Auto geht nicht –
Keine Taxis –
Also – laufen
zum Theater –
Grad noch pünktlich
in der Maske –

Schminken – Tummeln –
Konzentrieren –
Stichwort – Auftritt –
Häng' schon – Pause –
Konzentrieren –

Weiter – Lauter!
Geht nicht – Heiser –
Zug bekommen –
Kommt vom Hetzen –
Und vom Ärgern –
Morgen – Singen –
Scheiße – Absagen –

Große Pause –
Doktor rufen –
Spritze kriegen –
Gute Ratschläg':
Stimme schonen –
Nerven schonen –
Alles schonen –
Danke Doktor!
(Keine Ahnung
dieser Doktor)

Pausenende –
Klingeln – Auftritt –
Letzte Szene –
Völlig heiser –
Scheiße – Ausbruch
war im Kübel –
Morgen – Singen –
Ganz unmöglich –
Trotzdem – Absagen
geht nicht – Weiter!

Häng' schon wieder –
Nix zu machen
Falsches Stichwort
(So ein Trottel) –
Endlich – Ende –
Dunkel – Vorhang –
(Sind die Leut heut
wieder föhnig –
sitzen auf die Händ'
und gehn nich) –
Letzter Vorhang
war geschunden –
jedesmal die-
selbe Leier.

Schnell nach Hause –
Heißen Umschlag –
Glühwein machen –
Wo ist Zucker?
Alles schläft schon –
Niemand wecken –
Schnell was essen –
Post ist auch da –
Keine Zeit mehr –
Morgen – Singen –

Heute – Schwitzen –
Schlafen – Schlafen –
Geht nicht – Pille!
Ruhig – Ruhig –

Plötzlich hellwach –
Kopf voll Texte –
Schlafen! Schlafen!
Noch 'ne Pille!
Endlich – Müde –
Pille wirkt fast –
Pause – Pause –
Endlich – Pause –
Heute – Pause –

Morgen – Weiter…

Apropos Transparenz

Schauspieler sind ja eine ganz besondere Art von Menschen. Ihr Arbeitsmaterial ist die Sprache, das Wort, und darum reden sie meist auch so gerne – vornehmlich von sich selber. (Unter besonderer Berücksichtigung der Klassiker und des Klassenkampfes, versteht sich.) Schauspieler darf man also zur Gattung der Selbstbejubler zählen, der sogenannten »Auto-Claquen«.
Zu dieser Spezies rechnet man auch die Politiker und – in besonderen Fällen – die Frauen. Und alle drei Gruppen haben etwas Gemeinsames: die übrige Menschheit redet mit Vorliebe über sie. Weil sie ja so interessant sind! Darum möchte man auch gerne Näheres über sie erfahren.
Die Frauen sind da am besten dran. Sie wurden im Laufe der Jahrhunderte von Dichtern beschrieben, in ihren vielen schillernden Farben nachgezeichnet und manchmal sogar verewigt. Politiker werden – in ihrer einen Farbe – immerhin in Leitartikeln umrissen oder zerrissen, und sei es auch nur für den Tagesgebrauch.
Die Betrachtung des Schauspielers hingegen spielt sich vorwiegend auf der Ebene des

»Grünen Blattes« ab. Oder auch des Goldenen – was dasselbe in grün ist. (Siehe Aufhänger bitte!) Vielleicht sollte sich die Dash-geprüfte Hausfrau, will sagen, die durch Waschmittelvergleiche kritisch gewordene Hausfrau, fragen, ob ihre Idole von Film und Fernsehen wirklich so sind, wie sie von den hübschen bunten Blättern beschrieben werden.
Sehen wir doch einmal in einem Lexikon nach. Da steht unter Schauspieler: »...wer die Gestalten der dramat. Dichtkunst auf der Bühne verkörpert.« Eine Auskunft, die man im Zeitalter des Fernsehens und der allgemeinen Transparenz als völlig unzureichend zurückweisen muß. Da kommt Brecht dem zeitgemäßen Informationsbedürfnis schon wesentlich näher. Er sagt: »Schauspieler sind Menschen, die irgend etwas besonders intensiv tun, beispielsweise trinken oder so...«
Aber geht es nicht noch transparenter? Da müßte ich Sie fragen, ob Sie das »Newe Curiositäten Lexicon« aus dem Jahre 1775 kennen? Schlagen Sie bitte dort nach. Aber nicht unter S (Schauspieler), auch nicht unter C (Comedienspieler), schon gar nicht unter W (Wurst, Hans), oder F (Fahrendes Volk), sondern bei H. Hier finden Sie das Wort Hybranthropus. Das kommt aus dem Griechischen*, von Hybris = Übermuth, Frevelthat und Anthropos = der Mensch.

* Damals konnten die Hausfrauen noch Griechisch.

Hybranthropus

Der Schauspieler (Hybranthropus erectus),
eine Abart des Homo sapiens, tritt in verschiedenen Spielarten auf, die von unterschiedlicher Häufigkeit sind.
Am verbreitetsten ist der gemeine graue
Misos-Misos, der ›Unangenehme-Unangenehme‹, auch *Misos penetrantis* genannt.
Fast ebensooft findet man den ›Angenehmen Unangenehmen‹ (Schmehos Misos). Er ist meist vielfarbig, doppelzüngig und rückgratlos.
Etwas seltener, in kleinen Kolonien (Ensembles) lebend, aber sehr zäh und seßhaft, ist der Unangenehme Angenehme (Misos Schmehos), dessen Unterart, der *Misos Viennensis,* sich größter Unbeliebtheit erfreut.
Schließlich kennt man noch den sehr seltenen, fast ausgestorbenen Angenehmen Angenehmen (Schmehis Schmehises), der sich nur durch Anpassung vor gänzlicher Ausrottung bewahren kann.
Der Hybranthropus erectus – nicht zu verwechseln mit dem *Hydranthropus defectus* (Angehöriger der Wiener Städtischen Straßenreinigung) – ist nur eine unbedeutende Scheinart des Homo sapiens. Er vermehrt sich durch

Inzucht und Einbildung und scheint nur
durch seine Fähigkeit, sich zur vielfachen
Größe seines wahren Formates aufblasen zu
können, von einiger Wichtigkeit. Für die
Gattung des Homo sapiens ist er weder
typisch noch von Bedeutung.
Er ernährt sich von Schmeicheleien und
Applaus, gelegentlich auch von gedrucktem
Papier (Kritiken).
Liebhaber halten ihn in großen Käfigen
(Theater).
Man findet ihn aber auch noch in freier Wildbahn, z.B. auf Partys, Presseempfängen,
in Kaffeehäusern und Kantinen und gelegentlich frühmorgens bei Zeitungskiosken an
Hauptbahnhöfen.
Manche Exemplare aller vier Arten können
sich durch tumorhaften Wildwuchs ihrer
Persönlichkeit zum sogenannten *Star* aufquellen.
Krankhafte Erscheinungen dieser Art sind
selbst durch gezielte Therapien, wie z.B.
schlechte Filme, nicht zu verhindern.
Der Hybranthropus erectus ist auch ein
beliebtes Freiwild. Aber obwohl recht häufig
Jagd auf ihn gemacht wird (Star-Clubs), ist
mit seiner baldigen Ausrottung vorläufig nicht
zu rechnen.

Kaffee ist Kaffee ist Kaffee...
(Eine Theaterprobe)

Die Szene: Ein junger Mann, lebensüberdrüssig und von der Polizei verfolgt, war ins Wasser gesprungen, um Selbstmord zu begehen. Gegen seinen Willen wurde er gerettet und ist nun, erneut auf der Flucht vor der Polizei, in die Wohnung eines Zeitungsredakteurs eingestiegen. Hier wird er von dessen Tochter, die nicht nur hübsch, sondern auch Kommunistin ist, ertappt und in ein Gespräch verwickelt.
Die junge Dame erweist sich als hilfreich, sie versteckt den Flüchtenden vor der Polizei und bietet ihm obendrein, weil er vor Kälte schlottert, Kaffee an.

Die Probe: **Auf der Bühne**
die Schauspielerin, der Schauspieler
Im Zuschauerraum
der Regisseur, der Regieassistent
Auf dem Flur
der Inspizient (eine Zigarette rauchend)

Der Text: »Ich werde Ihnen eine Tasse Kaffee machen.«

Der Schauspieler: (gibt das Stichwort)

Die Schauspielerin: »Ich werde Ihnen eine Tasse Kaffee machen.«

Der Schauspieler:	(will einfallen)
Der Regisseur:	(fällt schneller ein) Kaffee!
Die Schauspielerin:	(irritiert) Bitte? (sie sucht, den Regisseur im Dunkel des Zuschauerraumes zu erspähen.)
Der Regisseur:	(aus dem Dunkel des Zuschauerraumes) Kaffee!!
Die Schauspielerin:	Ja, Kaffee...?
Der Regisseur:	Bitte nochmal
Die Schauspielerin:	(überlegt kurz, beginnt den Satz nochmals) »Ich werde Ihnen...«
Der Schauspieler:	(gibt das Stichwort)
Die Schauspielerin:	(zum Schauspieler) Gibst du das Stichwort?
Der Schauspieler:	Ja
Die Schauspielerin:	(wartet)
Der Regisseur:	(gibt das Stichwort)
Die Schauspielerin:	»Ich werde...«
Der Schauspieler:	(gibt das Stichwort)
Die Schauspielerin:	(blickt entschuldigend in das Dunkel des Zuschauerraumes, dann) »Ich werde Ihnen eine Tasse Kaffee machen.«
Der Regisseur:	Ich werde Ihnen eine Tasse Kaffee machen!

Die Schauspielerin: Ja: »Ich werde Ihnen eine Tasse Kaffee machen!«

Der Regisseur: Nein: Ich werde Ihnen eine Tasse Kaffee machen!!

Der Schauspieler: (gibt das Stichwort)

Die Schauspielerin: (zum Schaupieler) Wenn Du das SO sagst, kann ich nicht antworten!

Der Schauspieler: (gibt das Stichwort)

Die Schauspielerin: »Ich werde Ihnen...«

Der Regisseur: (zum Schauspieler) Wenn Sie das SO sagen, KANN sie nicht antworten!

Der Schauspieler: (gibt das Stichwort)

Die Schauspielerin: »Ich werde Ihnen eine Tasse...«, jetzt bin ich raus.

Der Regisseur: ...Kaffee machen!!!

Die Schauspielerin: (in das Dunkel des Zuschauerraumes) Natürlich, natürlich, entschuldigen Sie –

Der Schauspieler: (gibt das Stichwort)

Die Schauspielerin: »Ich werde Ihnen...«

Der Schauspieler: (unterbricht sie) War das Stichwort jetzt richtig?

Die Schauspielerin: (mit Nachdruck) »...eine Tasse Kaffee machen!«

Der Regisseur: **Kaffee** machen!

Die Schauspielerin: (in das Dunkel des Zuschauerraumes) Das hab ich doch gesagt –

Der Regisseur: Nein, eine Tasse **Kaffee** machen –

Die Schauspielerin: (blickt ratlos auf den Schauspieler)

Der Schauspieler: (gibt das Stichwort)

Die Schauspielerin: »Ich werde Ihnen eine Tasse Kaffee machen.«

Der Regisseur: **Kaffee!**

Die Schauspielerin: Kaffee!?

Der Regisseur: (ist aufgestanden. Jetzt lauter)
Ich werde Ihnen eine Tasse...Pause!
...**Kaffee**...Pause!...machen!

Die Schauspielerin: (auch lauter)
»Ich werde Ihnen eine Tasse (Pause) **Kaffee** (Pause) machen.«

Der Schauspieler: (gibt das Stichwort)

Die Schauspielerin: (zum Schauspieler)
Zu spät!

Der Schauspieler: (gibt das...)

Der Regisseur: Bitte nochmal das Stichwort!

Der Schauspieler: (gibt das Stichwort)

Die Schauspielerin: »Ich werde Ihnen eine Tasse (Pause) **Kaffee** (Pause) machen.«

Der Regisseur: ...**Tasse** – **Kaffee** – machen!

Die Schauspielerin: Also jetzt weiß ich überhaupt nichts mehr.
(sie blickt NICHT in das Dunkel des Zuschauerraumes)

Der Regisseur: Warten Sie, ich komme rauf.

Die Schauspielerin: (wartet)

Der Schauspieler:	(wartet)
Der Regisseur:	(betritt die Bühne) Sie wissen nicht, was Sie sagen. Ich höre nicht, daß Sie denken, was Sie sagen. Sie müssen jedes Wort denken, bevor Sie es aussprechen. Denken Sie: Kaffee! Was ist das überhaupt – Kaffee?
Die Schauspielerin:	Na, Kaffee –
Der Regisseur:	Nein, eben nicht, das sagt man so leichthin, Kaffee ist Kaffee. Aber wo bleibt die Situation? Was ist Kaffee in dieser Situation? Was ist Kaffee zwischen diesen beiden Menschen?
Die Schauspielerin:	(denkt angestrengt mit) Ka – f – f – ee – ist –
Der Regisseur:	Ja, **K – A – F – F – E – E !!** (er ist sichtbar beflügelt) Jetzt kommt's ... Kaffee! WAS IST KAFFEE? Sagen Sie es mir doch!
Die Schauspielerin:	(ist sprachlos) Nun ja, eben Kaffee –
Der Regisseur:	Nein – nein – nein, denken Sie! Stellen Sie sich Kaffee vor! Beschreiben Sie mir Kaffee!
Die Schauspielerin:	(stellt sich Kaffee vor)
Der Regisseur:	(lauernd) Na, ... na ...? Kaffee ist ein Getränk ... aus Bohnen geröstet ... aus braunen Bohnen ... Kaffee ist ...?

Die Schauspielerin: braun.

Der Regisseur: Stimmt, man brüht die Kaffeebohnen mit heißem Wasser auf ... Kaffee ist ...?

Die Schauspielerin: heiß!

Der Regisseur: Sehr gut. Kaffee ist braun, heiß und Kaffee ist ... (er macht eine Handbewegung)

Die Schauspielerin: flüssig!!

Der Regisseur: Ja, das auch, aber vor allem hat er ... (die gleiche Handbewegung)

Die Schauspielerin: ???

Der Regisseur: **Aroma** – er duftet!

Die Schauspielerin: Ach so –

Der Schauspieler: Wonach duftet Kaffee in dieser Situation?

Die Schauspielerin: Auch nach Kaffee!

Der Regisseur: Nein – nach Kraft, nach Hoffnung, nach Freiheit! Der Mann da ist aus dem Wasser gezogen, er friert. Was ist Kaffee für ihn: WÄRME! Er ist erschöpft und auf der Flucht, was ist Kaffee für ihn: KRAFT. Er ist dem Tod entrissen, was ist Kaffee für ihn: LEBEN! Das alles muß im Kaffee sein, wenn Sie Kaffee sagen. Also nochmal!

Die Schauspielerin: (mit den besten Vorsätzen, das alles in den Kaffee zu legen)
»Ich werde Ihnen eine Tasse ... (Pause) ... **Kaffee** ... (Pause) ... machen«

Der Regisseur:	Nicht so schnell, so kommen Sie nicht rein. – Erst das Stichwort –
Der Schauspieler:	(gibt das Stichwort)
Die Schauspielerin:	»Ich werde Ihnen eine Tasse ... (Pause) ... Kaffee ... (Pause) ... machen«
Der Regisseur:	Spüren Sie jetzt, in dem Satz liegt noch mehr. Eine **Tasse**. Haben Sie auch an die Tasse gedacht? Was ist das: eine Tasse?
Die Schauspielerin:	(eifrig um Mitarbeit bemüht) Eine Tasse ist ein Gefäß aus Porzellan, aus dem man Kaffee trinken kann.
Der Regisseur:	Das auch, aber das ist jetzt unwesentlich. Zunächst einmal ist eine **Tasse, eine** Tasse! Nicht zwei Tassen und auch nicht eine Kanne. Sie werden ihm **eine Tasse Kaffee** machen, nicht mehr. Was heißt also **eine Tasse?** Nun?
Die Schauspielerin:	?????
Der Regisseur:	Was bedeutet **eine Tasse Kaffee** ... für ihn? Was bedeutet eine Tasse Kaffee für Sie als Schauspielerin?
Die Schauspielerin:	?
Der Regisseur:	Denken Sie doch: Er ist aus dem Wasser gezogen, er ist auf der Flucht, er friert und er bekommt Kaffee – aber nur eine **Tasse** Kaffee. Nicht zwei, nicht drei, nein nur **eine** Tasse.

Das ist ein Verweigern im Geben, ein Helfen mit Vorbehalt. – Du bekommst Kaffee – aber nur **eine Tasse**. Das ist unsere Gesellschaft, die gibt und zurückhält. EINE TASSE KAFFEE, das ist Repression!
(er ist aufgestanden und spricht die letzten Sätze sehr laut, mit gut sitzender Stimme [er trägt übrigens auch ein gut sitzendes Sakko])

Die Schauspielerin: (ist auch aufgestanden, hört zu, stehend)

Der Schauspieler: (hört zu, sitzend)

Der Regieassistent: (hört zu, Notizen machend)

Der Inspizient: (schaut bei der Feuertüre herein, ob's einen Krach gibt)

Der Regisseur: (zum Regieassistenten)
Merken Sie sich: Ein Schauspieler muß immer wissen, was er sagt.
(zur Schauspielerin)
Merken Sie sich: Ein Schauspieler muß wissen, was eine Tasse ist!

Die Schauspielerin: (nickt eifrig. Jetzt weiß sie genau, was eine Tasse ist)

Der Regisseur: (setzt sich wieder)
Nochmal den Satz bitte

Der Schauspieler: (gibt das Stichwort)

Die Schauspielerin: »Ich werde Ihnen **eine Tasse** ... (Pause) ... **Kaffee** ... (Pause) ... machen«

Der Regisseur: (steht wieder auf)
Halt ... **Ich!!**

Die Schauspielerin: (verwirrt)
Wieso!!

Der Regisseur: **Ich** werde Ihnen eine Tasse Kaffee machen. Denken Sie, das **Ich**

Die Schauspielerin: Natürlich.
Ich ... (sie stockt, schluckt)

Der Regisseur: (geht zu ihr, legt seinen Arm um ihre Schulter – jetzt leise und teilnahmsvoll, indem er mit ihr auf der Bühne hin- und hergeht. Was heißt: **Ich** werde Ihnen eine Tasse Kaffee machen?

Die Schauspielerin: (weint noch nicht)
Das heißt, daß **ich** ...

Der Regisseur: Richtig! Daß **Sie** ihm Kaffee machen werden.
Das spielen Sie jetzt bitte.
(er nimmt den Arm von ihr)

Der Schauspieler: (gibt das Stichwort)

Die Schauspielerin: (Pause)
»**Ich** werde Ihnen **eine Tasse** ... (Pause) ... **Kaffee** ... (Pause) ... machen«

Der Regisseur: **Ich** werde **Ihnen!**

Die Schauspielerin: Pardon??

Der Regisseur: Denken Sie auch mal, das **Ihnen!** Sie werden **ihm** eine Tasse Kaffee machen. **Ihm** werden Sie helfen. **Ihn** werden Sie vor der Polizei verstecken. Vielleicht lieben Sie **ihn** sogar schon. Das alles muß mitschwingen, wenn Sie sagen: **Ich** werde **Ihnen** eine Tasse Kaffee machen. Verstehen Sie?

Die Schauspielerin: Genau!

Der Regisseur: Also bitte

Der Schauspieler: (gibt das Stichwort)

Die Schauspielerin: »Ich werde **Ihnen**... **eine Tasse Kaffee** machen«

Der Regisseur: Jetzt haben Sie wieder das **Ich** vergessen. In diesem **Ich** liegt drin, wer Sie sind. Ich ist ein persönliches Fürwort »ich, du, er, sie, es« Pronomen!! In diesem **Ich** drücken Sie aus, wer Sie sind. Und das muß ich hören. Wenn Sie **ich** sagen, höre ich nicht, was für eine Frau das ist. DENKEN Sie doch, sie ist eine Revolutionärin, eine Kommunistin, ihr **Ich** klingt anders als anderer Frauen **Ichs**. Verstehen Sie?

Die Schauspielerin: (hat das ganz genau verstanden und nickt eifrig mit rotem Kopf)

Der Regisseur: (wird jetzt etwas müde)
(er ist auch nicht mehr der Jüngste)
Also bitte!
(er kehrt der Bühne den vom jahrelangen Regieführen geplagten Rücken und steigt wieder hinunter in den Zuschauerraum)

Der Schauspieler: (vergißt das Stichwort)

Die Schauspielerin: **Ich**... werde **Ihnen**...

Der Regisseur: (ruft aus dem Dunkel des Zuschauerraumes ungeduldig)
Vergessen Sie nicht auf das **Werde** und das **Machen**

Die Schauspielerin: Natürlich!

Der Regisseur: Das ist Aktion

Die Schauspielerin: Natürlich!

Der Regisseur: Hoffnung für den Flüchtling

Die Schauspielerin: Genau

Der Regisseur: Verstehen Sie mich?

Die Schauspielerin: Genau

Der Regisseur: (geht im Zuschauerraum auf und ab) Sie müssen durch diese Worte...

Die Schauspielerin: (fällt ihm ins Wort) Genau! (an der Rampe in das Dunkel des Zuschauerraums rufend) Ich muß das alles viel mehr, viel mehr, viel mehr...

Der Regisseur: Genau! (eine Türe des Zuschauerraums geht auf, die Direktionssekretärin bringt ihm wichtige Briefe zur Unterschrift. Der Regisseur unterschreibt und spricht dabei weiter.) Jetzt verstehen Sie endlich, was ich meine: So muß man Theater spielen. Immer vorher denken. Die Hintergründe ausloten. Nicht wie ein Schauspieler sagen: »Ich werde Ihnen eine Tasse Kaffee machen«, wenn im Text steht: »Ich werde Ihnen eine Tasse Kaffee machen.« Auf der Bühne hat jedes Wort eine Bedeutung. Also, bitte nochmals das Stichwort.

Der Schauspieler:	(gibt das Stichwort)
Die Schauspielerin:	»Ich werde Ihnen eine Tasse Kaffee machen.«
Der Regisseur:	Nein, nein, nein. (er seufzt schwer in sich hinein, gibt der Sekretärin die Briefe zurück, seufzt nochmals) Sie haben nichts begriffen. Sie betonen ja jedes Wort, hören Sie nicht, daß das vollkommen unnatürlich ist! So einen Satz muß man ganz leichthin sagen. Eine Tasse Kaffee ist ja keine Staatsaktion. Eine Frau, die einem Mann eine Tasse Kaffee machen will, verkündet das doch nicht wie ein Manifest. Sagen Sie es souverän, aber sagen Sie es beiläufig.
Die Schauspielerin:	(macht eine lange Pause, denkt... Man sieht es ihr an, wie sie denkt, dann) »Ich werde Ihnen eine Tasse Kaffee machen.«
Der Regisseur:	(seufzt wieder, aber anders) Na endlich, warum geht's denn jetzt?
Der Regieassistent:	(zum Regisseur) Aber sie hat das jetzt doch genauso gesagt wie beim ersten Mal.
Der Regisseur:	»Das macht nichts, aber jetzt weiß sie wenigstens, was sie sagt.« (zur Schauspielerin) Nochmals, und behalten Sie diesen Ton bei. Bitte das Stichwort!

Der Schauspieler: (gibt das Stichwort)

Die Schauspielerin: »Ich werde Ihnen eine Tasse...« usw.

Der Regisseur: (im Dunkel des Zuschauerraumes, während des Textes der Schauspieler zum Regieassistenten)
Merken Sie sich: Schauspieler kann man nicht oft genug unterbrechen, bis hin zur Premiere. Schauspieler sind dumm!

Maxi Strassberg Tagebuch

...September 1968, München
Heute war ich Zeuge eines Abends, der ein
kurioses Stück Theatergeschichte sein könnte,
wüßten mehr Leute davon. Ort: Alter Simpl,
München. Anlaß: Gedenkfeier für den kürzlich verstorbenen Schauspieler Max Strassberg.

Im Simpl, leider neuerdings geschmackvoll
umgebaut, trafen sich an einem Ruhetag eine
Reihe von Kasperln, Autoren und anderen
Freunden des Maxi Strassberg. Nein, sie
trafen sich nicht, sie waren da, plötzlich –
zwar vereinbart –, aber doch wie zufällig. Wie
man sich eben früher traf, als er noch lebte;
zwanglos und selbstverständlich, ohne Getue
und ohne Begräbnismiene, ganz »Nachtbetrieb« und Schauspielerstammtisch. Und
vielleicht gerade deshalb die trauerndste
Trauerfeier, die ich je erlebt habe.
Maxi war gegenwärtig. Und gerade, weil seine
Gegenwart, solange er noch am Leben war,
immer nur Nebensächlichkeit gewesen ist,
weil er schon zu Lebzeiten mehr durch
Anekdoten als durch Erfolge bekannt war,
erschien er jetzt vielfach präsent, weil so viele
ihn mitbrachten. Jeder trug ihn auf seine

Weise herein in den nächtlichen Simpl, in die
finstere Bar, an deren Stammtisch er immer
gesessen hatte: leicht zu übersehen oder leicht
zu finden, wenn man ihn finden wollte. Und
heute fanden ihn sogar einige, die ihn früher
eher übersehen hatten.
Da saßen sie also im dicken Rauch des
stinkenden Ladens; sie zwängten sich in die
zu eng werdenden Logen, sie kauerten auf
dem Boden oder auf schnell eingeschobenen
Hockern und Kisten; sie lehnten an der Bar,
standen in dunklen Winkeln, zündeten sich
Zigaretten an den nervös brennenden Tisch-
kerzen an, und kaum einer dachte daran,
daß Kerzen nicht nur in der Bar, sondern
auch auf dem Friedhof beliebte Requisiten
sind.
Und man bestellte Bier und Gulaschsuppe,
und man erzählte von Maxi Strassberg. Und
man nahm noch einen Korn und mit Ver-
wunderung wahr, daß am Nebentisch »eine
Ziege sitzt«, mit der man eigentlich verfeindet
war und nie wieder reden wollte. Und dann
ging das Gespräch wieder um Maxi und die
»Ziege« drehte sich um und wollte mithören
und hatte auch ein paar Worte dazu zu sagen;
und dann gab man der »Ziege« doch Antwort.
(Und die zwei Ziegen lächelten sich an und
waren im Moment versöhnt und für fünf
Minuten keine eifersüchtigen Schauspiele-

rinnen, sondern Freundinnen – vom Maxi.)
Und dann wieder Bier und Korn und ein
Kollege, den man lange nicht gesehen hatte
und von dem man gar nicht gewußt hatte,
daß er in den Kreis um Maxi Strassberg
gehört hatte. Und dann kam noch einer dazu,
der sicher nicht dazugehörte, aber doch heute
mit dabeisein wollte.
Und alle redeten ein bißchen leiser von sich
als sonst. Aber sie redeten von sich – und vom
Maxi Strassberg. Der eine hatte mit ihm noch
vor ein paar Tagen hier gesessen, der andere
noch vor Wochen mit ihm probiert, der dritte
ihm vor Monaten noch etwas gepumpt. Und
sie waren alle wie sonst auch, nur etwas
stiller.
Und irgendeiner sagte, daß man wohl noch
nie so viele Schauspieler auf einen Haufen
gesehen habe bei einem Anlaß, der ihnen
nichts bringt. Weder ein dickes Fernsehen,
noch die Bekanntschaft mit einem Regisseur.
Dieses eine Mal waren sie wegen eines
anderen gekommen – und doch wieder wegen
sich. Dieser andere war nämlich ein Teil jedes
einzelnen von ihnen. Und in diesem zufälligen
Tod war etwas von der Zufälligkeit ihres
Metiers. Und in der Treue, die sie Maxi mit
ihrem Besuch erwiesen, etwas von Sehnsucht
nach Treue in diesem treulosesten aller
Berufe.

Und manch einem mag die Laune der
Karrieregöttin aufgestoßen sein, die einem,
der nichts »erreicht« hatte, solange er lebte,
nun doch noch einen Kranz flocht.
Und so warteten sie auf den offiziellen Beginn
der Trauerfeier, die doch schon längst be-
gonnen hatte, mit dem ersten Bier, das
bestellt worden war.
Das Lokal war bald übervoll, wie an den
Abenden, wo die Jungfilmer ihre Steh-
konvente abhielten an der Theke, wo jetzt
Maxi Strassbergs Gedichte gelesen werden
sollten. Hans Quest, Hans Clarin und
Alexander Kerst würden lesen und nachher
Michael Kehlmann sprechen...
Immer neue Kollegen kamen... aus Hamburg
kamen sie, aus Bad Hersfeld, sogar aus Wien
...und ein paar von der Presse waren noch da,
ein paar vom Film, ein paar, mit denen Maxi
nur Karten gespielt hatte, und ein paar, mit
denen er nur geschlafen hatte.
Wer war dieser Max Strassberg eigentlich?
Ein kleiner Schauspieler. Ein blasser Jude mit
greller KZ-Vergangenheit. Ein notorischer
Kaffeehaussitzer und Tratscher aus Berufung.
Ein eher unscheinbarer, dicklicher Mann mit
zahlreichen (und den hübschesten) Freundinnen. Ein bargeldloser Junggeselle, der mit
Vorliebe Stammtische für Schauspieler grün-
dete. Alles in allem: ein bedeutender Nebbich,

der vor kurzem noch mit einem schmalen
Büchlein überraschte, das er jedem von uns,
an jedem Ort, zu jeder Zeit in die Hand
gedrückt hatte. In diesem Bändchen hatte
er seine Gedichte drucken lassen, und am
meisten überraschte wohl, daß sie gut waren.
Und dann wurden seine Gedichte gelesen.
Und diesmal waren Gedichte keine Gedichte
und Schauspieler keine Rezitatoren. Beiläufig,
fast verschämt, wie wenn man zwischen zwei
Skatpartien eine Bemerkung macht, die das
Spiel nicht stören darf, so wurden uns seine
Texte über die Theke geworfen.
Und mir schien, daß man Gedichte überhaupt
nur so lesen sollte, auf jedem Podium und vor
jedem Publikum.
Und alle die kritischen Fachleute, die da
saßen, dachten nicht an Kritik und nicht an
falsch und richtig. Sie hörten einfach zu, und
vielleicht war mancher überrascht, daß Maxi
Strassberg, der immer jeden Tratsch wußte,
nicht nur viel geredet hat, sondern auch etwas
zu sagen hatte.
Der ...September im Alten Simpl in München.
Eine Trauerfeier für einen Schauspieler bei
Bier und Gulaschsuppe. Ein Kuriosum, das
nicht in die Theatergeschichte eingehen wird.
Schade.

Diese Zeit, die kommt nicht wieder

Und der Haifisch, der hat Zähne.
Und die trägt er im Gesicht.
Und Macheath, der hat ein Messer.
Und das Messer – schneidet nicht.

Und die Bühne im Theater
wirkt wie ein Panoptikum.
Oben sind sie gar so gruslig,
unten fragt man sich, warum?

Und die Kunstsnobs applaudieren
ihren billigen Applaus.
Und die Kritiker kritisieren.
Und die Jugend bleibt zu Haus.

Und dem Oberlehrer Maier
läuft ein Schauer durch den Bauch,
weil vor fünfundvierzig Jahren
damals lief er ihm ja auch.

Am Buffet sagt Tante Frieda –
und sie sind sich drüber klar,
daß vor fünfundvierzig Jahren
die Aufführung besser war.

Und dann schwört die Tante Frieda
mit verklärtem Silberblick:
»Diese Zeit, die kommt nich' wieda!«
Nur warum kommt dann das Stück?

Weil wir in Theaterfragen
alle »Tante Friedas« sind.
Und wir leben von den Tagen,
die schon längst gestorben sind.

Und wir schäkern unsern Shakespeare.
Und wir bellen unsern Brecht.
Und wir fressen Subventionen.
Und die Pressen bleiben schlecht.

Deklamier'n tun wir und beten,
blasen mühsam blauen Dunst.
Wir polier'n Antiquitäten –
und das Ganze nennt man Kunst.

Und da draußen in den Straßen,
an der Universität,
dreht man längst uns lange Nasen,
weil man uns nicht mehr versteht.

Spät geboren, Brüder, Schwestern,
für die Kunst ist's keine Zeit.
Denn die Kunst, die ist von gestern –
und die Zeit, die ist von heut'.

Kamera läuft

Live

Das Übertragungsteam: Der Bildregisseur
Die Bildmischerin
Der Tonmeister
Der Filmgeber
Der Kameramann 1
Der Kameramann 2
Der Kameramann 3
Der Regieassistent (Georg)
Der Reporter (Max)

Der Moderator

Im dritten Programm von **TV-Heute** sehen Sie wieder unser aktuelles Magazin **Für Sie dabei – 45 Minuten kritische Fernsehunterhaltung.**
Zu Beginn eine Live-Reportage unseres Mitarbeiters Max P. Schwetters von der Großbaustelle der Firma Brinkendorff und Brinkendorff. Dort feiert heute der Maurerpolier Friedrich Kloppke seine fünfzigjährige Zugehörigkeit zur Firma. Ein wahrhaft seltenes Jubiläum. Geschäftsführung und Betriebsrat der Firma Brinkendorff und Brinkendorff haben sich aus diesem Anlaß zu einer feierlichen Ehrung des Jubilars eingefunden. Direkt an der Baustelle, oben am Gerüst des Hochhauses, wo Friedrich Kloppke knapp vor seiner Pensionierung noch arbeitet. Max P. Schwetters ist für Sie dabei. Wir schalten direkt – Übertragungswagen bitte kommen!

Umschalten zur Baustelle.
(Aber nicht zum Reporter, sondern
hinter die Kulissen, zum Leiter der
Sendung, dem Bildregisseur. Er sitzt
in einem engen heißen Raum im Ü-Wagen,
an der Stirnwand vor sich die
Monitore mit den Vorwahlbildern
der einzelnen Kameras.
Auf einem großen Regiepult
unzählige Knöpfe, Tasten und
einige Mikrophone – ein
Aschenbecher und Zigaretten.
Neben ihm sitzt die Bildmischerin.)

Der Bildregisseur:

Kamera eins ..... auf den Baukran ..... Schwenk ..... ja, so daß du die ganze Baustelle kriegst ..... gut so ..... (zur Bildmischerin) Auf Sendung! ..... Kamera zwei ..... auf den Alten oben am Gerüst, der gerade Bier trinkt ..... näher ..... nicht so nah, dem läuft ja das ganze Bier übers Gesicht ..... so is' recht ..... Auf Sendung! ..... fabelhaftes Bild ..... (zur Bildmischerin) Und der ist heute fünfzig Jahre bei der Firma? ..... So was gibt's ja gar nicht ..... muß ja schon als Kind angefangen haben ..... ist ja inhuman ..... müssen wir zeigen ..... Kamera drei ..... Bilder anbieten ..... nein ..... nein ..... zeig' mir mal ein paar Gesichter ..... Mensch, die saufen ja alle ..... ich brauch was Hartes ..... halt, auf den Chef ..... auf den Dicken, der mit dem Rücken zur Kamera steht, jetzt dreht er sich um ..... schnell auf Sendung ..... Mensch, der säuft ja auch ..... (zur Bildmischerin) Wie soll man denn da 'ne kritische Sendung machen, wenn die alle saufen? ..... Ah, jetzt hat er sich verschluckt ..... Kamera drei ..... ranfahren ..... ran ..... richtig rein ins Maul ..... so is' gut ..... wie der spuckt, das gibt was her ..... Kamera drei ..... dranbleiben ..... wie er sich mit den feisten Fingern das feiste Gesicht wischt ..... das sagt was aus ..... so jetzt is' genug

..... man darf ein Bild nicht betonieren ..... Kamera zwei .....
Kamera zwei ..... he, Kamera zwei, schlaf nicht! ..... auf den
Türken in der Ecke ..... der mit dem kaputten Gesicht .....
(zur Bildmischerin) Und auf Sendung ..... gut, das is'n
Kontrast ..... jetzt Kamera drei wieder auf den Dicken .....
Auf Sendung! ..... jetzt frißt er ..... sehr gut ..... ah, der Betriebsrat fängt mit der Rede an ..... Ton! Ton! ..... lauter, ich
will das Gequassel hören ..... ja, gut so ..... Kamera eins
und Kamera drei ..... während der Rede Bilder anbieten!
..... Georg! Georg! kannst du mich hören? ..... wenn die
Ansprache vorbei ist, soll Max den Alten interviewen .....
ja, den Jubilar ..... der soll sein Bier später weitertrinken
..... stell ihn raus aufs Gerüst ..... ich brauch ein Bild ..... will
sehen, wie der Mann arbeitet da oben ..... Mensch, das
sieht ja überhaupt nicht gefährlich aus ..... Georg, der Alte
soll weiter raus ..... (zur Bildmischerin) Quatsch, da haben
sie mir eine Reportage von einer Großbaustelle auf
einem 22-Stock-Hochhaus versprochen und dabei haben
die erst die dritte Etage fertig ..... Kamera eins ..... Bodenkamera ..... nimm Du das Bild von unten ..... mehr verkanten ..... steil nach oben schießen, daß das Ganze aussieht wie schwindelnde Höhe ..... ja, gut ..... Auf Sendung!
..... Georg! Georg! ..... der Alte soll jetzt mit seiner Bierflasche in die Kamera prosten ..... nee, nach unten in die
Eins ..... ja, sehr schön ..... (zur Bildmischerin) Mensch, der
wackelt ja schon ganz schön ..... und jetzt Kamera zwei
auf den Chef ..... der frißt noch immer ..... wieder zurück
auf den Alten am Gerüst ..... ja, sieht richtig gefährlich
aus ..... wie Krimi ..... hoppla ..... halt ihn fest, Georg! ..... (zur
Bildmischerin) der is ja schon ganz schön voll, was? .....
Georg! ..... Georg, Max soll jetzt mit dem Interview
beginnen ..... (zur Bildmischerin) Jetzt quasseln sie wieder
..... laß den Film abfahren ..... Filmgeber! ..... Filmgeber .....
fahr den Filmausschnitt ab! ..... Georg ..... jetzt laufen
zwanzig Sekunden Film ..... nachher das Interview ..... (er
lehnt sich zurück, zündet sich eine Zigarette an) Mensch,

ist das 'ne müde Sendung..... ist doch 'ne Schnapsidee, von einem Maurerjubiläum 'ne kritische Reportage zu machen..... Georg! in fünf Sekunden ist der Film zu Ende ..... Kamera zwei!..... auf den Türken einrichten..... rechte Bildkante..... gut..... (zur Bildmischerin) Und auf Sendung! ..... Kamera drei..... wieder auf den Alten draußen am Gerüst..... Mensch, wo ist denn der?..... reingeklettert?..... was, runtergefallen?..... Bodenkamera eins! such den Alten!..... gefunden?..... fabelhaft..... (zur Bildmischerin) Auf Sendung! Kamera eins..... fahr näher ran..... ist was passiert?..... noch näher..... ist er verletzt..... ja, gutes Bild ..... was, tot?..... wegschwenken! Scheiße!..... Georg!..... Georg!..... der Alte ist tot..... wißt ihr das schon oben am Gerüst?..... nein?..... sehr gut..... Kamera zwei auf den Chef einrichten..... Großaufnahme..... ich möchte seine Augen sehen, wenn er's erfährt..... brauche die Reaktion ..... Georg!..... Max soll den Chef dann sofort interviewen und gleich nachstoßen, warum die Baugerüste nicht besser gesichert sind..... na endlich wird's kritisch..... das ist Fernsehen..... das haben wir noch nie gehabt..... da stirbt einer – live!

Der Abgrund

Endlich fällt mir eine Story ein. Sie steht an dieser Stelle, weil sie mit dem TV-Sketch »An der Klippe« zusammenhängt und dem Leser einen Eindruck vermitteln könnte, wie solche lustigen Drehbücher realisiert werden. Vorweg eine Erklärung: Die schlimmste Krankheit, die einen Schauspieler befallen kann, ist Schnupfen. Sänger mögen ihn auch nicht gern, trotzdem, für sie ist Schnupfen nicht so gefährlich. Der Sänger kann nämlich absagen. Der Schauspieler nicht. Darum fürchtet der Schauspieler den Schnupfen wie der Teufel das Weihwasser, wie der Theaterdirektor die Personalvertretung, wie der Schnupfen das Penicillin. Sagen Sie jetzt bitte nicht, daß man Schnupfen niemals mit Penicillin behandelt. Wir schon! Wenn man nicht rechtzeitig mit Kanonen auf Spatzen schießt, kann sich so ein Virusspatz zu einer chronischen Nebenhöhlenentzündung oder zu einer kapitalen Zungengrundangina auswachsen. Und damit zwitschert sich's dann schlecht auf der Bühne. Also lieber vorher auf die Spatzen schießen. Am besten mit 4 Millionen Einheiten.
Diese Eröffnung wird selbst dem theater-

fremdesten Leser klargemacht haben, in
welchem Zustand sich ein Schauspieler vor
einer Premiere befindet, besonders im Winter.
Einzige Frage an das Schicksal: »Kommt
keine Erkältung?« Diese panische Angst des
Schauspielers vor dem Schnupfen kann das
Familienleben lahmlegen, Freundschaften
zerstören und zarte Liebesbande eiskalt durch-
schneiden (warum rotzt sie auch, die Kuh!).
Die Angst des Tormanns vor dem Elfmeter
ist die reinste Krampusfeier dagegen.
Nach dieser Erklärung kann die Story
beginnen.
Es war im November 1974 (vielleicht auch
1973 – die Jahre bringe ich manchmal durch-
einander), und ich probierte in Berlin »Der
Lügner und die Nonne«.
Anruf aus München: Ob ich Anfang Dezember in einer Fernsehshow mitmachen wolle?
Absage meinerseits, weil ich in Berlin Theaterproben hätte – mit dem Hinweis, daß es ja
noch genügend Kollegen gäbe, die so was
prima könnten.
Anruf aus München: Es wäre ja nur eine
kurze Szene, und man brauche dafür unbedingt einen Quizmaster, das wäre der Witz an
der Sache.
Absage meinerseits, weil ich ja in Berlin
Theaterproben hätte – mit dem Hinweis, daß
es ja noch einige Quizmaster gäbe, die so was

fabelhaft könnten. Außerdem wäre im Dezember Premiere, und da müßte ich ohnehin aufpassen, daß ich mich nicht erkälte.
Anruf aus München: Die anderen Quizmaster hätten alle keine Zeit, ob ich es nicht doch möglich machen könnte – die Sache würde ja nur ein paar Stunden dauern und außerdem sei das Wetter ja noch sehr gut für diese Jahreszeit. Auch sei das Buch schon an mich abgeschickt, ich möge es mir ansehen. In diesem Augenblick läutet es an der Tür, der Expreßbote bringt das Manuskript.
Anruf aus München: Mit dem Theater sei alles schon geklärt – morgens Flug nach München, vormittags Drehen, nachmittags Rückflug nach Berlin, abends wieder Probe im Theater – und wie mir der Sketch gefalle?
Ich: Recht gut...
München: Danke, dann wäre ja alles in Ordnung, Drehtag am....Dezember, Flug bereits gebucht, auf Wiedersehen!

Ich lese den Sketch nochmals, schreibe ihn um, rede mir gut zu, nicht so hypochondrisch zu sein, drei Stunden Flug und zwei Stunden im Studio müssen ja nicht unbedingt zu einem Schnupfen führen, und das Wetter ist ja wirklich noch recht freundlich.
Zwei Tage vor Drehbeginn plötzlicher Kaltwettereinbruch. Im Radio Katastrophen-

berichte über ungewöhnliche Schneefälle in
Bayern, Flughafen Riem gesperrt – ich bin
besorgt. Die Schneefälle halten an – ich bin
noch besorgter...
Der....Dezember: Drehtag. Die Schneefälle in
Bayern haben aufgehört, strahlendes Flug-
wetter, die Flughäfen Berlin und München
sind offen. Hinflug mit der ersten Maschine,
Rückflug gegen 15 Uhr – es müßte klappen.

Um 8 Uhr morgens betrete ich in München
die Garderobe, bekomme Wanderkleidung,
Skihosen, Pullover, Anorak, Bergschuhe –
alles paßt – prima! Dann sagt der Garderobier:
»Damit S' net frieren, gibt's lange Unterhosen.«
(Ich wundere mich, ich habe noch nie im
Studio gefroren) Na gut, ich ziehe die langen
Unterhosen an. Der Garderobier: »I hab
Ihnen auch noch a Plastikunterzeug besorgt,
zwegen der Feuchtigkeit!« (Ich wundere mich
wieder) »Wieso Feuchtigkeit?« »Ja, mir haben
doch a Mordskälten, der plötzliche Winter-
einbruch, da draußen liegt ja der Schnee über
an Meter hoch.« (Ich traue meinen Ohren
nicht) »Ja, drehen wir denn außen?« »Ja
natürlich, in der Kletterschule überm Isarhang, da draußen schaut's fei aus wia am
Dachstein.« (Panik meldet sich) »Aber an
wunderschönen Abhang hab'n mir, dreißig
Meter geht's pfeilgrad oba...dös wird pfundig!«

(Die Panik ist da) »Was, ich soll das über einem echten Abgrund machen, bei dem Wetter, ich habe doch in einer Woche Theaterpremiere!« Er: »Na, es wird schon nix passieren, Sie werden aufg'hängt an einem Seil, ein Bergführer ist auch dabei, der paßt auf Eahna auf, daß net runterfallen.« Vielleicht wäre an dieser Stelle zu erwähnen, daß ich absolut nicht schwindelfrei bin, daß ich nur unter äußerster Überwindung von einem Hochhaus in die Tiefe blicke und noch nie den Drang in mir verspürte, über einem Steilhang zu schweben – mit oder ohne Seil. Doch darüber zu diskutieren ist jetzt keine Zeit mehr. Der Aufnahmeleiter drängt, die Autos stehen draußen, die Sonne ist nur bis ein Uhr über dem Isarhang, die ganze Belegschaft wartet schon im Ausflugsrestaurant. Also rein ins Auto und raus ins Gelände. Der Fahrer schimpft über Schnee und Glatteis, die Regieassistentin fällt von einem »Ah« und »Oh« ins andere, ob der märchenhaft verschneiten Natur. Der Wagen bleibt stecken, der Chauffeur schaufelt aus, flucht noch mehr, die Regieassistentin bleibt bei »Ah« und »Oh«. Wir kommen in das Ausflugsrestaurant, wo der Stab wartet. Das Lokal ist nicht geheizt, weil es noch zu früh am Tage ist. Man empfängt mich mit Tee und launigen Bemerkungen: da wäre schon mancher runter-

gefallen, ob es in Berlin schon eine zweite Besetzung gäbe usw. Alles sehr witzig! Der Regisseur aber ist entzückt über die hinreißende Kulisse, das sähe richtig gefährlich aus und damit bekomme die Szene noch eine Dimension, die das Showgewerbe so dringend braucht: die Authentizität. (Und jetzt im Schnee sei das alles noch viel toller.)
Der Bergführer ist ganz Bergführer, holt ein Seil aus dem Rucksack, prüft es, verknotet es, prüft es nochmals, verknotet es nochmals, probiert die Tragfähigkeit des Knotens, läuft im Gesicht rot an vor lauter Gewissenhaftigkeit und sagt dann lässig: »Damit kennan s' Eahna auf an Hubschrauber hängen und falln net oba!« Das Seil wird mir um Gesäß und Brust geschlungen, ich komme mir vor wie ein Baby in den ersten Windeln, dann geht's ab zum Drehort. Ich schreite heiter und zuversichtlich einem Schnupfen entgegen.

Bei der Gelegenheit ein paar Worte über den Mut. Natürlich gibt es Helden unter den Schauspielern. Die sind meistens beim Film und machen alles ohne Double. Das steht dann auch in der Zeitung.
Einer, ein wirklich kühner Bursche, erzählte mir einmal, daß er in einem Italo-Western, der im nördlichen Jugoslawien gedreht wurde, einen Wasserfall hinuntergetrieben werden

sollte. Nach ihm sollten unzählige Baumstämme, die einem Sägewerk entkommen waren, den Katarakt hinunterdonnern, direkt auf ihn drauf. Aber er sollte dem Inferno unverletzt entgehen – laut Drehbuch.
Alles war so vorbereitet, daß die Sache funktionieren mußte. Der Filmarchitekt hatte einige ganz dicke Baumstämme quergelegt und im Wasser fest verankert. Das ergab eine Rutschbahn, über die die herunterfallenden Stämme wie über Schienen gleiten würden. Ganz sicher und absolut ohne Gefahr für ihn, den Helden, der sich unter dieser Konstruktion festhalten sollte, bis das Inferno weiter flußabwärts in die romantische Landschaft gespült würde... Eine fabelhafte, dramatische Aufnahme.
Der Kollege war skeptisch. Er fragte, ob das alles auch wirklich funktionieren würde. Der Regisseur beruhigt ihn: es sei alles schon am Tage vorher probiert worden und absolut ungefährlich. Der Kollege war immer noch skeptisch. Der Architekt kam, versicherte, die Konstruktion sei absolut zuverlässig, ein Statiker hätte alles ganz genau berechnet.
Der Schauspieler wollte es aber trotzdem vorher erst in Betrieb sehen. Unwillen bei der Produktion: Wie er sich das wohl mit den Baumstämmen vorstelle, die könne man doch nicht einmal rauf und einmal runter treiben;

die Sache sei bombensicher und er solle sich nicht so haben, in Amerika machen sie ganz andere Sachen! Der Schauspieler bestand trotzdem auf einer Probevorführung, wissend, daß er damit als Feigling dastand und, was noch schlimmer war, daß er die ganze Produktion aufhielt. Aber er war mutig genug, als feige zu gelten; er wollte es genau wissen. Also wurden die Sägewerksriesen den Bach hinuntergeschickt, es krachte und jaulte, das Wasser spritzte, das Holz barst, der Himmel donnerte und sogar ein Regenbogen stand über dem Katarakt. Es war ein einmaliges Schauspiel, und man hatte es nicht einmal mitgedreht.
Als dann die Stelle besichtigt wurde, wo der Held bombensicher unter den verankerten Bohlen versteckt gewesen sein sollte, waren die geknickt wie Zündhölzer. Die meisten Bohlen hatten sich auch gleich auf den Weg flußabwärts gemacht, nur zwei einsame Stecken ragten aus einem verträumten Strudel, in dem sich Kleinholz tummelte.
Der Regisseur und der Architekt waren etwas stiller, die Gleitschiene wurde am nächsten Tag betoniert und der Schauspieler gedoubelt. Das stand nicht in der Zeitung.
Darum haben die wirklichen Leinwandhelden auch den Mut, dem Regisseur zu sagen, er soll sich seinen Dreck alleine machen, und gehen

in die Garderobe. Kleinere Helden reiten, fechten, schießen und springen von meterhohen Brücken partout nur persönlich ins eiskalte Wasser. Manche machen harte Trainingskurse bei verwegenen Truppenteilen mit, schwimmen mit dem Messer im Mund durch kaltes Wasser, und zum Glück ist immer ein Reporter dabei, der die Sache ablichtet. Heldentum will fotografiert sein.
Ich bin kein Held, bitte. Ich habe Angst, wenn ich über einem Abgrund hängen soll, der dreißig Meter tief ist!

Mit diesen Gedanken stapfe ich heiter und zuversichtlich durch die traumhafte Winterlandschaft. Die Welt hängt voll Eiszapfen und Schnupfen.
Wir kommen an den Drehort. Alles ist vorbereitet, die Kamera aufgebaut, der Stab hinter Büschen und Bäumen versteckt, keiner darf durch den jungfräulichen Schnee latschen. Einer der Kameraassistenten mißt genau die Entfernung, geht dabei zu nahe an den Abgrund heran, rutscht aus, fällt fast runter, aber ein anderer kann ihn gerade noch festhalten. »Sauwetter«, flucht er und verdrückt sich hinter seinem Baum.
Ich bekomme Rum und Regieanweisungen, der Bergführer legt das Seil in kunstvoller Schlinge um den sicheren Baum, sagt noch

»Auf geht's«, und ich schwinge mich über die verschneite Rasenkante, als ob ich nie in meinem Leben etwas anderes getan hätte. Schauspieler sollen ja auch Mut spielen können.
Mein Gewicht reißt am Seil, der sichere Strick gräbt sich tief in den Schnee, der Bergführer schreit: »Oha, net so gach!« Er wird vom Seil mitgezogen, rutscht mir entgegen in Richtung Steilhang, kann sich gerade noch an einer Wurzel abstützen, wird schon wieder rot im Gesicht (mir fällt der jugoslawische Wasserfall ein) – dann rammt er sich ein, ächzt und spuckt, zurrt das Seil fest, sagt: »Hab eahm scho!« – und ich hänge.
Meine Beine baumeln im Leeren, ich finde keinen Tritt, die Wand ist glatt wie das Lächeln eines Quizmasters, ich will mich an der Rasenkante festhalten, aber gleite im Neuschnee ab, also versuche ich, mit den Fingern irgendeinen Erdspalt zu ertasten, doch die Hände stecken in plumpen Handschuhen und die Handschuhe füllen sich mit Schnee. Die Finger werden in kürzester Zeit steif, ich kann mich überhaupt nicht mehr festklammern. Da endlich ein Tritt für den linken Fuß, ich schaue hin, hangabwärts, mir wird flau im Magen (daß dreißig Meter so tief sein können, hätte ich nie gedacht), der Bergführer ruft aus weiter Ferne: »Haltet das

Seil? Haltet das Seil?« Ich glaube, ich habe nicht geantwortet.
Ich spüre bereits den Schnee in meinen wetterfesten Unterhosen und denke an die Premiere von »Lügner und Nonne«, an Schnupfen, Fieber und Penicillinstoß.
Unten, vom Fuße des Abhangs schreit der Regisseur: »Tiefer! Tiefer! Das sieht überhaupt nicht gefährlich aus!« Der Bergführer macht das Seil länger, läßt mich weiter hinunter, nun habe ich überhaupt keinen Tritt mehr für die Füße – ich schwebe frei im Winter –, aber das Seil hält.
Dann beginnt die Probe (Text siehe Seite 59), und nachher werde ich wieder hinaufgezogen. Oben gibt es Tee mit Rum – oder umgekehrt. Teekannen dampfen in den schneidend kalten Morgen, der Atem steht uns in bizarren Spruchblasen vor dem Mund, verirrte Schneeflocken tanzen auf kitschigen Bilderbuchsonnenstrahlen...Winterfriede..., zwei frühe Wanderer werden vom wild gestikulierenden Aufnahmeleiter in die Flucht geschlagen, frischer Pulverschnee in ihre Fußstapfen gestreut... dann geht's wieder runter.
Diesmal ist alles schon vertrauter, ich hänge etwas zuversichtlicher in der Wand, nur die eisigen Finger schmerzen. Wir drehen die erste Einstellung, dann wieder rauf, wieder Rum, wieder runter – schweben – wieder rauf,

Rum, Regieanweisungen, runter, kalte Finger,
Szene spielen, nochmals spielen, nochmals
spielen (jetzt wird's aber saukalt hier im Wind),
wieder rauf, runter, dann ist die Sonne weg
und die letzte Einstellung im Kasten.
Es hatte genau drei Stunden gedauert,
während derer jeder Gedanke an den Schnupfen
verdrängt gewesen war. Nun meldete er sich
mit Nachdruck.
Aber wie verwunderlich: Ich stieg ins Auto
und hatte gar kein verdächtiges Kribbeln in
der Nase. Ich kam in die Garderobe, und kein
Knödel im Hals kündigte Katastrophen an –
merkwürdig! Ich flog nach Berlin zurück,
ohne ein einziges Mal gehustet zu haben –
außergewöhnlich! Ich spielte die Premiere
ohne Fieber, ohne Spritzen und absolut
schnupfenfrei – unfaßbar!
Erst spät kam mir ein Verdacht: Die Angst
vor dem Abgrund hat den Schnupfen ver-
hindert. Heureka! Ich habe es gefunden, das
Mittel gegen Schnupfen, es ist: Abgrund –
tiefe Angst.

P.S. Leider hat man so selten einen Abgrund
bei der Hand.

Textvorschlag für den Sketch »An der Klippe«

Gebirge.
Der bekannte Quizmaster hängt über einem Abgrund und kann sich gerade noch an einer vorspringenden Klippe festhalten

Quizmaster
Hilfe! Hilfe!

Ein Tourist kommt vorbei, hinter ihm seine Frau. Der Tourist bleibt vor dem Verunglückten stehen, erkennt ihn, strahlt, dreht sich zu seiner Frau um und macht sie auf das Ereignis aufmerksam

Tourist
Kennste den?

Sie schaut neugierig

Tourist
Kennst'n?
Das ist doch der vom Fernsehen!
Kennst'n jetzt?
Das ist der...

der Name fällt ihm nicht ein

                    Na, den kennst du doch vom Quiz!
Die Frau

ist herangekom-
men, jetzt sehr
aufgeregt   Ja, ja natürlich, das ist doch
Schramm!
Tourist
Nee, der nich, das ist der andere –
der da ist der ...

zum Hängenden   Entschuldigung, wie heißen Sie
denn?
Quizmaster
Das ist doch jetzt unwichtig ...
helfen Sie mir, ich bin ausge-
rutscht ... hier geht's fünfzig Meter
hinunter ...
Die Frau
Jetzt hab ich ihn!
Das ist doch der von »Erkennen Sie
die Melodie«

Sie singt   Erkennen Siiieee die Meeeelodiiieee
das Herz geht ihr
auf

                    Schööne Sendung! Jedesmal sag
ich: Schööne Sendung! Wir alle
sitzen immer, wenn Sie kommen,
vor dem Fernseher und sagen:
Schööne Sendung!
Tourist
Na, ich hab dir ja gesagt, daß du ihn
kennst.
Die Frau
Na, da werden unsere Kinder aber
staunen, daß wir Sie getroffen haben.
Übrigens dürfen die Ihre Sendung
auch sehen und jedesmal erkennen
sie schon fast alles. Nur die Oma

                meint, Sie könnten von dem Musikal
ein bißchen weniger bringen – und
die Oper könnten Sie ein bißchen
schneller spielen. Aber sonst sagt
auch die Oma: Schööne Sendung!

Der Quizmaster kann sich kaum noch über dem Abgrund halten und spricht schnell und undeutlich

Quizmaster
Bitte... helfen Sie mir doch... stehen
Sie doch nicht so rum... können
Sie... bitte... ich... Sie sehen doch...
Tourist

stellt triumphierend fest

Siehste, wie im Fernsehen!
Ich hab Dir immer gesagt, er redet
so schnell, man kommt gar nicht
mit...
Die Frau
Ja, und dann wackelt er ja auch
immer mit dem Stuhl, im Fernsehen
Tourist
Na, das kann er ja hier nicht, weil –
da hängt er ja
Die Frau
Ja, das Wackeln das hat einen ja
auch ganz schwindlig gemacht
Quizmaster

in Todesangst

Sie!!! Ich bin auch schon schwindlig,
ich falle da runter...
Tourist
Es ist ja wirklich interessant,
Sie einmal so von Mensch zu
Mensch zu sehen. Obwohl ich sagen

muß, im Fernsehen sehen Sie viel
größer aus...
Die Frau
Und besser...
Tourist
Das kommt davon, weil er im Fernsehen eine Perücke auf hat
Die Frau
Aber nein, einen Bart hat er
Tourist
Nein, den hat er nicht mehr
Die Frau
Na, so ein Glück! Sie, mit dem Bart
haben Sie aber gar nicht charmant
ausgesehen, wie ein Schimpanse!
(Originalzitat aus einem Brief an das
ZDF)
Tourist
Ja, unsere Nachbarin hat auch
gesagt, ob Sie denn unter die
geistigen Umweltverschmutzer
gegangen sind. (Originalzitat aus
einem Brief an das ZDF)
Quizmaster
wütend
Lassen Sie mich doch jetzt mit dem
Bart in Ruhe!!!
Tourist
Na, regen Sie sich doch nicht auf,
jetzt ist er ja ohnehin wieder weg,
ist ja alles in Ordnung.
Quizmaster
Bitte lieber Herr...
Tourist
Oh, ich hab mich ja noch gar nicht
vorgestellt – Otto Ebner –
ich bin auch ein bißchen in Ihrer

Branche tätig – so aus Hobby – ich singe, im Chor der Hirseberger Knappenver...
Die Frau
Also, Otto, das wird den Herrn Jankowski jetzt bestimmt nicht interessieren.
Tourist
Wieso? Ich könnte ihm ja was vorsingen.
Die Frau
Aber Otto, jetzt! In dieser Situation!
Tourist
Warum denn nicht?
Die Frau
Na, Du bist ja jetzt gar nicht eingesungen!
Tourist
Dafür hat der Herr Jankowski bestimmt Verständnis, er ist ja jetzt auch nicht im Studio
Quizmaster
Nein, ich hänge über einem Abgrund...
Tourist
Da hätte ich was Passendes:
singt »Komm in die Gondel...«
Die Frau
Otto, stell Dich wenigstens ein bisserl näher zum Herrn Jankowski dran, daß ich das photographieren kann, wie Du ihm vorsingst.
Quizmaster
langsam kraftlos Hilfe! Hilfe!
Die Frau
Gleich – nur schnell ein Autogramm, Herr Jankowski!

völlig erschöpft	**Quizmaster** St an kovski **Die Frau** Ganz gleich, was Sie schreiben. Papa! Den Kugelschreiber!
Sie gibt dem Touristen einen Kugelschreiber und eine Fahrkarte. Beides hält er dem Quizmaster unter die Nase. Dieser schreibt mühsam...	**Tourist** Haste uns gut getroffen? Warte, ich mache auch noch ein Bild von Dir und dem Herrn ...kovski
Er geht mit der Kamera in Schußposition. Die Frau baut sich neben dem Hängenden auf.	**Quizmaster** Hilfe! Holen Sie Hilfe, ich flehe Sie an! **Die Frau**
zu ihrem Mann	Da haben wir wieder was zum Erzählen vom Urlaub, wann trifft man schon einmal einen Prominenten aus dem Fernseh...
Sie dreht sich um – der Quizmaster ist abgestürzt.	Ja, wo ist er denn? Otto, jetzt ist der Kerl doch wirklich abgehauen... mitsamt dem Kugelschreiber. **Tourist** Das sind vielleicht Typen, die vom Fernsehen!

Wie entsteht eine Fernsehsendung

Couplet

Am Anfang der Sendung da steht ihr Erfinder.
Er hört das Wort nicht gern, es ist ihm zu minder,
er würde sich lieber als Autor erklären –
worüber sich dann die Autoren beschweren.
Doch vorläufig gibt es noch keine Autoren,
die Sendung als solche ist noch nicht geboren.
Bis jetzt hat ein Mann erst, zum eignen Vergnügen,
sich eine Idee von der Seele geschrieben.
Doch damit ist gar nichts getan –
wer fängt mit Ideen schon was an.

Der Mann fand das Fernsehprogramm oft beschissen,
drum denkt er, dort muß man Ideen vermissen.
Um solche zu finden, erfand man Lektor'n –
die lesen das Skript jetzt von hint' und von vorn.
Sie halten es grad und sie halten es schief
und schreiben dann schließlich dem Mann einen Brief:
Grad seine Idee gäb' ne herrliche Sendung,
doch leider hat man dafür keine Verwendung.
Der Brief wird noch höflich frankiert
und dann im Archiv archiviert.

Die Jahre vergehen, denn so ist das Leben,
der Mann hat die Hoffnung schon längst aufgegeben,
daß er jemals sein Manuskript wiedersieht,
geschweige denn, daß damit etwas geschieht.
Da zeigt sich das Schicksal in Form einer Pleite
des Abendprogramms von der freundlichen Seite.
Eine Sendung flog durch und ein Redakteur raus
und vom Fallen des Index erzittert das Haus.
Jetzt muß ein Ersatz schleunigst her,
doch diesen zu finden ist schwer.

Jetzt dampfen die Akten, der Rauch steht in Wolken
und Pegasus wird mit dem Rotstift gemolken.
Man bricht sich die Köpfe, denkt rund um die Uhr,
vom rettenden Einfall jedoch keine Spur.
Da fällt einem Lektor zu großem Verdruß
ganz oben vom Schrank ein Paket auf den Fuß.
Er bückt sich und flucht, weil er so was nicht liebt,
wo er gar nicht gesucht: hier liegt ein Manuskript!
Er weiß davon nur noch so viel,
daß es ihm schon mal nicht gefiel.

Er liest es erneut, an der Kehle das Messer,
und Seite für Seite gefällt es ihm besser.
Zum Schluß wird ihm klar, in dem Ding ist was drin –
man muß nur verändern Idee, Text und Sinn.
Er holt zu dem Zwecke sich zwei, drei Autoren,
die haben sich vorher schon heimlich geschworen,
da drinnen kann stehen, was immer es sei,
wir machen es anders, wir schreiben es neu.
Sie dichten auf Deubelkommraus,
schon schaut das Ding ganz anders aus.

Jetzt gibt's nach viel Flugzeug- und D-Zug-Benützung
beim Chefredakteur redaktionell eine Sitzung.
Es kommt sogar der Herr Hauptabteilungsleiter
(er bleibt nie sehr lang, er muß hauptsächlich weiter),
dann noch die Autoren, der Herr Redakteur
und noch ein Herr, der Redakteur gerne wär'.
Sie reden sehr viel und sie sind enflamiert
und sagen, die Sendung wird so produziert.
Doch damit ist gar nix getan,
denn jetzt fängt die Sache erst an.

Jetzt stößt auch noch ein Regisseur zu dem Kreise,
der liest das Ding durch, und er sagt: »Das ist Scheiße!
Der Anfang ist falsch und das Ende verkehrt
und außerdem hab' ich mich schon mal beschwert!
Ich drehe nur Drehbücher aus einem Guß,
weshalb ich das Buch da bearbeiten muß.«
Er nimmt erst das Buch und dann das Honorar
und macht alles anders, als es vorher war.
Der Sendetermin steht schon fest.
Drum dreht man noch schnell einen Test.

Den Test nennt man »Pilot« – er wird vorgeführt
und von den Experten intern kritisiert.
Man fragt auch noch andre, die alles gut wissen,
was ihnen gefallen und was sie vermissen:
die Frau Intendant und den Herrn Intendanten,
die Häuselfrau nebst ihren engsten Verwandten,
den Test- und den Farb- und den Imageberater
und dann den Beratungs-Verwertungs-Errater.
Die Meinungen werden verrührt
und fehlerfrei protokolliert.

Jetzt geht man ins Studio, um zu produzieren,
(das heißt, mancher kriecht jetzt schon auf allen vieren);
da tönt aus dem Hinterhalt plötzlich ein Schuß,
der kommt von dem Mann, der das Geld geben muß.
In stetem Budgetkampf ergraut und verrostet,
berechnet er stur, was die Sache ihn kostet.
Und was ihm zu teuer erscheint, streicht er raus,
die Sendung wird billig. Und so schaut sie aus.
Doch langsam wird es höchste Zeit,
der Sendetermin ist nicht weit.

Nun werden die Künstler zusammengesucht,
doch die, die man wollte, sind längst ausgebucht.
So nimmt man halt die, die noch übriggeblieben,
die werden jetzt hurtig ins Studio getrieben.
Dort krieg'n sie den Text und das Geld und auch Streit
(das einzige, was sie nicht kriegen, ist Zeit).
Denn Zeit ist jetzt kostbar, *jetzt* kostet sie Geld.
Und schwupp, ist die Sendung schon fertiggestellt.
Und endlich ist es dann soweit:
Die Sendung, sie läuft, und zwar heut'.

Vom obersten Boß bis zum Aufnahmeleiter,
ein jeder ist happy und peppy und heiter.
Die Presseabteilung macht großes Tamtam:
»Noch nie sah der Mensch so ein Fernsehprogramm.«
Die Zeitungen schrieben die tollsten Berichte:
»Ein neues Kapitel der Fernsehgeschichte!«
Und allen Beteiligten schwillt stolz die Brust,
denn alle haben alles als erste gewußt.
Es zittert der Bildschirm und dann
sagt die Ansagerin auch schon an.

Verführung im Blick und Sex in der Kehle,
zeigt sie ihre Zähne, auf daß man sie zähle.
Sie spricht erst von diesem und dann auch von dem
und schließlich erwähnt sie ein kleines Problem:
Ein Fußballspiel steht überraschend ins Haus,
drum fällt das Programm, das jetzt folgt, leider aus.
Es kommt ins Archiv und vergammelt allhier –
und seh'n Sie, dafür zahlt man Fernsehgebühr.

Der Nichtfernseher

Eine Glosse über das Fernsehen. Etwa drei Minuten lang. Sie können schreiben, was Sie wollen: über Tagesschau oder Talk Show, über Schweinchen Dick oder Wim Toelke. Sie können das Thema ernst behandeln oder heiter, kritisch oder spöttisch, vielsagend oder nichtssagend – wie gesagt, Sie können schreiben, was Sie wollen – und wenn Ihnen gar nichts einfällt, auch wie ein Fernsehkritiker. Nur eben über das Fernsehen sollen Sie schreiben, Ihre Glosse!
Und hier beginnt es, schwierig zu werden. Man kann mit gutem Gewissen über das Fernsehen nur schreiben, wenn man es auch sieht – und das ist bei mir äußerst selten der Fall. Ich bin dementsprechend auch mit Bildungslücken behaftet, derenthalben sich ein siebenjähriges Kind nicht in die Schule wagen dürfte. Ich weiß weder aus eigener Anschauung, was die Leute auf der Shiloh Ranch treiben, noch wer Perry Mason ist. Ich habe noch nie Bonanza gesehen, noch miterlebt, was am »Tatort« geschieht. Ich kann also mit gutem Gewissen nur über das Nichtsehen des Fernsehens schreiben.
Es gibt Nichtfernseher aus Überzeugung, aus

Faulheit, aus Indolenz und aus Snobismus.
Es gibt Nichtfernseher des Zufalles oder des
Stromausfalles wegen. Solche, die das Gerät
gerade bei der Reparatur haben, und andere,
die es eben ihrer Ehehälfte überlassen müssen
und selber statt in die Röhre durch die Finger
schauen. Es gibt Dilettanten des Nichtfernsehens, Anfänger und Professionals.
Dilettanten drehen das Gerät ab, wenn ihnen
weder im Ersten, noch im Zweiten oder im
Dritten Programm eine Sendung gefällt. Sie
schalten hin und her, ärgern sich bei jedem
Knopfdruck mehr, und unter wildem Schimpfen
auf die Leute vom Fernsehen sitzen sie dann
schließlich vor der verfinsterten Flimmerkiste.
Sie fühlen sich betrogen um den Abend und
um die monatliche Fernsehgebühr. Aber diese
Art des Nichtfernsehens kostet unnötig Kraft
und Ärger, bringt keinen Genuß und ver-
schafft keinerlei Befriedigung.
Der ernsthafte Nichtfernseher sieht nicht fern
mit Methode. Nur das erhebt die TV-
Abstinenz zum Kunstwerk und steigert das
eigene fernsehlose Lebensgefühl.
Hier wären die Anfänger zu erwähnen. Sie
erkennt man sofort am sogenannten »Aus-
wählen des Programmes«. Sie lesen die
Fernsehzeitschriften, kreuzen Sendungen an,
die sie interessieren, und drehen das Gerät
eben nur zu diesen Sendungen auf. Dann

sitzen sie davor, in der Überzeugung, mündig zu sein, und wundern sich, daß sie nach der gewählten Sendung noch weitere zwei Stunden vor dem Apparat verbringen, um Dinge zu konsumieren, die sie überhaupt nicht sehen wollten. Sie ärgern sich über die verlorene Zeit und nehmen sich vor, es beim nächsten Mal besser zu machen, um nicht Sklaven der Mattscheibe zu werden. Aber diese ist in der Regel doch stärker, und die meisten dieser TV-Abstinenz-Anfänger werden mit der Zeit doch noch echte Mattscheibenbenützer.
Anders der Professional. Wir wollen hier nicht vom sektiererischen Überzeugungs-nichtfernseher reden, der sich gar keinen Apparat ins Zimmer stellt. Das ist Schummelei und grenzt an Feigheit.
Nein, der echte Nichtfernseher hat natürlich einen Apparat im Haus, am besten ein Farbgerät. Er kennt die Qualität des Bildes und die einlullende Wonne der bewegten Farben. Er kennt die Shows und Krimis, die Quizsendungen und die Diskussionen. Er kennt sie, und er weiß auch ganz genau, wann sie gesendet werden. Er liest jeden Abend seine Fernsehzeitschrift und genießt das Hochgefühl, daß alles das, worunter er wählen könnte – wenn er wollte –, von einer gewaltigen Industrie geschaffen wurde; nur für diesen Abend und nur für ihn.

Dann dreht er den Apparat an, und sobald das Bild zu tanzen beginnt, schaltet er wieder ab. Er setzt sich mit seiner Zeitung oder einem Buch neben den Kasten und sieht nicht...
Er geht ans Klavier oder ins nächste Kaffeehaus und sieht nicht... Er verbringt einen Abend nach dem anderen in der verlockenden Gegenwart des versklavenden Mediums und läßt sich nicht versklaven. Er lacht Hohn den Werbungen und Verführungen, den Schlagern und den Schlägern. Er weiß, daß er das alles sehen könnte... aber er tut es nicht. Er spielt mit der Neugier Katz und Maus. Er sieht den Kasten täglich vor sich, und er guckt nicht hinein.
Das ist der Genuß, den der Nichtfernseher aus dem Fernsehen gewinnt. Vergleichbar nur mit der Befriedigung, die der Schlanke erfährt, wenn die ihn umgebende dicke Menschheit über zu viel Kalorien klagt.
Noch ist er allerdings selten, der hochkarätige Nichtfernseher, wie der Nichtautofahrer, der Nichtkonsumierer, der Nichtfortschrittsanbeter. Aber er rührt sich hie und da.
Man könnte ihn auch erziehen, wenn man noch erziehen könnte. Aber das finge doch gerade beim Nicht-Fernsehen an.

Ich bin aus Wien...

Es ist net so wichtig

Ich bin aus Wien.
Das ist net so schlimm,
wenn man sich dran g'wöhnt hat,
ist man bald versöhnt.
Ein bisserl Charme
und ein bisserl Schmäh,
ein bisserl Duli-öh,
na Sie wissen's eh.
Und die Donau, die steigt,
und der Schilling, der fällt,
und die Geige, die geigt,
und die Leut' hab'n kein Geld.
Es müßt' was passieren,
und man müßte spür'n,
daß es besser wird,
weil etwas passiert.
Aber leider passiert nix,
und das ist net richtig,
es ist hoffnungslos,
aber es ist net so wichtig.

Bundesrepublik –
ganz das Gegenstück.
Hier passiert sehr viel,
viel mehr, als man will.
Man reformiert

und man kritisiert
und man programmiert
»Rahmen-orientiert«.
Und man strategisiert –
und demokratisiert,
paläoliberalisiert,
stamokapitalisiert.
Deutsche Gründlichkeit
bringt es stets so weit,
daß, was man verspricht,
eines Tag's auch g'schieht.
Denn hier ist man emsig,
erfolgreich und tüchtig.
Das ist zwar sehr deutsch,
aber es ist net so wichtig.

In der Politik,
da geht ja zum Glück
alles wunderbar
vielleicht dieses Jahr.
Bisserl Konferenz
und ein bisserl brennt's.
Die Statistik zeigt,
daß die Spannung steigt.
Und Atompilze blüh'n,
man schaut gar nimma hin.
Nur in Japan klagen die Leut',
aber Japan ist weit.
Geigerzähler geigt,
und die Spannung steigt,

bis es über Nacht
plötzlich einmal kracht,
und sich diese Welt
in Atomstaub verflüchtet.
Das ist zwar sehr traurig,
aber es ist net so wichtig.

Die Wiener Mischung

A bisserl bös
a bisserl liab,
a bisserl klar
a bisserl trüab.
A bisserl schwarz
a bisserl rot,
a bisserl Schein
a bisserl tot.

A bisserl Schmäh
a bisserl Gmüat,
a bisserl Gift
recht gut verrührt.
A bisserl her
a bisserl hin,
das liebt man sehr
bei uns in Wien.

Das ist die guate,
die guate feine,
die guate alte,
die guate Guate auch genannt –,
das ist die reiche,
das ist die weiche,
die ewig gleiche Wiener Mischung.
Küss' die Hand!

Kannst net ausweichen, Trottel?

Straßenlärm,
Autohupen, Ver-
kehrsgeräusche ...
Ein Herr geht
gedankenverloren
über die Straße.
Plötzlich bremst ein
Auto mit lautem
Kreischen, der Herr
erschrickt, wacht
auf, schaut ...
Der Autofahrer
dreht das Fenster
herunter und
schreit in äußerster
Erregung:

    Autofahrer
    Kannst net ausweichen, Trottel!

Andere Autofahrer
hupen wild, also
fährt er schimpfend
weiter.
Der Fußgänger hat
sich von seinem
Schreck erholt.
Er geht jetzt vor-
sichtiger weiter,
sieht ängstlich nach
rechts und links,
murmelt etwas und
fällt langsam in ein
Selbstgespräch,

das mit der Zeit
immer lauter und
aggressiver wird...

Musikeinsatz

Fußgänger
Da schreckt mich dieser Tepp
und er schreit mich an,
ob ich net ausweichen kann...

Er überquert die
Straße, redet vor
sich hin

Schon als Kind, wie ich klein war,
war ich doch net blöd,
ich hab g'merkt, daß mit Ausweichen
alles besser geht.
Auf der Gassen, im Park,
in der Schul' und daham –,
man muß ausweichen lernen,
sonst stoßt man mit wem z'samm.

Und dann später beim Judo,
da hab' ich bald kapiert,
daß der Gegner durch Ausweichen
aufs Kreuz g'schmissen wird.
Immer nachgeben und lachen,
fast kan' Widerstand –
und dann stellst ihm ein Haxel,
und dann hebst ihn aus dem Gwand.

Und da schreit der Tepp,
und er hupt mich an,
daß ich net ausweichen kann.

Er kommt in Rage
Und dann später beim Barras,
da hast Du's erst braucht,
wer net ausg'wichen ist,
der war schon einetaucht.
Nur wer g'scheit war und leise,
den hab'n sie übersehn,

weil er ausg'wichen ist
jeder Trauf' und jedem Regen.

An Freund hab ich g'habt,
mit dem war ich im Feld,
der war liab aber blöd,
er hat glaubt, er ist ein Held.
Zuerst war er tapfer
und nacher war er hin,
aber ich bin noch am Leben,
weil ich ausgewichen bin.

Und da hupt der Tepp,
und er geht mich an,
daß ich net ausweichen kann!

Er geht schneller, redet immer lauter vor sich hin ...

Ich kann, was ich kann,
und ich weiß, was ich weiß,
und was rings um mich g'schieht,
das macht mich nicht heiß.
Darum bin ich heut' oben
und das sicher net umsunst,
rückwärts-gehen, vorwärts kommen,
ist die größte Kunst.
Du brauchst da einen Lacher
und dort ein »Küss' die Hand«,
jedem Teppen mußt recht geben,
ja kan' Widerstand.
Es ist fast wie beim Judo,
es hat auch seinen Reiz:
»Erst leg' ich mich Dir ans Herz –
nachher leg' ich Dich aufs Kreuz!«

Er schreit fast

Und da sagt der Tepp,
und er fäult mich an,
daß ich net ausweichen kann!

Verkehrslärm lauter,
fast chaotisch.
Der Herr redet wie
ein Besoffener vor
sich hin, schreit
Passanten an... Ich kann
nachgeben
und vorgeben,
draufgeben
und zuageben!
Stad sein und a Ruha geben,
mich blöd oder stur geben.
Lächeln und loben,
so kommt man nach oben.
Hast Du was erreicht, dann
glaub', das ist nicht leicht, Mann!

Er stolpert vom
Bürgersteig auf die
Straße, von der
Straße auf den
Bürgersteig, achtet
nicht auf den Ver-
kehr, auf Hupen,
auf Schimpfen.
Autos bremsen mit
Mühe, er merkt es
nicht...
gestikuliert wild Nie bei jemand anzuecken,
stets das eigne Gesicht verstecken,
sich nach jeder Decke strecken –
jeder Kuh die Hand zu lecken –

Mitten auf der
Straße bleibt er
stehen, hebt
drohend die Hand dazu braucht man Verstand!

| | Lautlos huschst Du über Leichen –
Kuschen ist ein Gütezeichen –
drum vergiß nicht auszuweichen! |
|---|---|

Er dienert nach
allen Seiten   Habe die Ehre!
                        G'schamster Diener!
                        Küss' die Hand!

Ein Auto bremst mit
quietschenden
Reifen, der Fahrer
kurbelt das Fenster
herunter, will zu
einer Beschimpfung
ansetzen ...
Der feine Herr,
grün vor Zorn, ballt
die Faust und brüllt
wie ein Irrer   **Weich aus!**
                        Trottel!!

Mein Häusl im Salzkammergut

Wenn ich mir die Welt so anschau,
was da alles heut passiert,
muß ich sagen, bin ich dann schon
eher bisserl agassiert.
Schaun S' doch nur die jungen Leute
mit die furchtbar langen Haar
sind doch ein Symbol, daß heute
nix mehr ist, so wie es war.
Nirgends ist mehr eine Ordnung,
keiner kennt a Disziplin,
jeder denkt nur an Zerstören.
Alle machen alles hin!

Schaun S', der Mensch braucht einen Glauben.
Schaun S', der Mensch braucht einen Mut.
Und den find ich in mein Häusel,
einem saubern kleinen Häusel,
drunten im Salzkammergut
               da kammer gut
                        lustig sein!

Wie die Leut herum heut huren –
schaun S', das macht man doch daham.
Ich dreh keine krummen Touren,
ich bin nämlich monogam.
Dann das Rauschgift und die Sachen –
davon kommt man doch am Hund!
Ich tät so was niemals machen,
dazu bin ich viel zu g'sund.

Ich bin für das Positive,
ich bau' gerne etwas auf,
ich verabscheu alles Schiefe,
und ich bin auch stolz darauf.

Schaun S', der Mensch braucht einen Glauben.
Schaun S', der Mensch braucht einen Mut.
Und den find ich in mein Häusel,
meinem hübschen kleinen Häusel,
drunten im Salzkammergut
                da kammer gut
                              lustig sein!

Schaun S', da hab ich einen Garten
und da spritz ich meine Bam.
Manches Mal spiel ich auch Karten –
was man halt so macht daham.
Isoliert a Wasserleitung,
schlagt an Nagel in die Wand.
Manchmal les ich auch a Zeitung –
und schon krieg ich einen Grant.
Wenn ich les', wie d' Leut heut schlecht leb'n –
Mord und Totschlag jeden Tag –
na, da müssen S' mir doch recht geb'n,
wenn ich immer wieder sag:

Schaun S', der Mensch braucht einen Glauben.
Schaun S', der Mensch braucht einen Mut.
Und den find ich in mein Häusel,
einem sehr gepflegten Häusel,
drunten im Salzkammergut
                da kammer gut
                              lustig sein!

Kriege führ'n s' im Fernen Osten
und direkt vor unsrer Tür.
Was die Sachen alles kosten!
Steht doch wirklich net dafür.
Schaun S' das müssen Sie doch zugeb'n,
daß das alles nur passiert,
weil die Menschen keine Ruh geb'n –
und daß alles schlimmer wird!
Sehn S', ich geh' gern ins Museum,
dort ist alles numeriert.
Und man weiß, die Zeit ist eh um,
und man wird net irritiert!

Und dort kriegt man einen Glauben,
und dort schöpft man neuen Mut.
Und den tragt man in sein Häusel,
dann sagt man in sein' Häusel:
»Schön ist's im Salzkammergut
               da kammer gut
                             lustig sein!«

D' jungen Leut, nur wegen der Gaudi
haun's an andern auf'n Hut.
Jeder zweite ist ein Rowdy!
Weil: es geht ihnen zu gut.
Nur weil sie im Wohlstand stehen,
den wir schließlich aufgebaut,
suchens' ständig nach Ideen,
wie man alles das zerhaut.
Keiner kennt mehr eine Tugend,
alles woll'n sie sich erlaub'n.

Doch ich lass' mir von der Jugend,
bittesehr, mein Leb'n net raub'n.

Denn ich habe meine Ordnung,
rechtmäßig erworb'nes Gut.
Und das ist mein kleines Häusel
und daneben ein feines Beisel
drunten im Salzkammergut
     da kammer gut
        lustig sein!

Passen S' auf, wir werden's erleben,
wohin alles das noch führt,
wenn die Leut ka Ruh net geben
und ein jeder protestiert.
D' Jungen tun heut alles weglüg'n –
aber warten S', ein paar Jahr ...
eines Tages werdens' im Dreck lieg'n
mitsamt ihre langen Haar.
Und bei uns wird's wieder brennen.
Und die Häuser stürzen ein.
Und dann werd'n sie alle rennen.
Aber ich, ich werd' mich freu'n!

Weil, wenn es einmal so weit ist
und vom Himmel fällt die Glut.
Wenn es zum Krepieren Zeit ist,
sitz ich in mein' Häusel, weit is' –
drunten im Salzkammergut
     da kammer gut
        lustig sein ...

Drunten im Salzkammergut
              da kammer gut
                            lustig sein!
Drunten im Salz kammer sein
              gut kammer sein
                            drunt kammer sein!
Drunten im Kamm salzmers ein
              dann sammer Salz
                            drunt sammer Salz
Drunten im Salz sammer gut
              drunt sammer gut
                            drunt sammer Salz
Lustig
     sammer
          Salz!

Woran denkt der Wiener wenn er an Wien denkt?

(Fragen an Passanten)

Wienerwald und Wurschtelprater –
Burgtheater –
Parlament –
Figl – Kreisky –
Babenberger –
Feuerwehr (für'n Fall, daß's brennt!)

Schubert – Mozart –
Oper – Graben –
Stephanskirche –
Burenwurscht –
Stephanskeller –
Schottenkeller –
Piaristenkeller –
Durscht!

Grinzing –
Sievering –
Nußdorf –
Schrammeln –
Beethoven in Heiligenstadt –
Heiligenstädterhof –
Die Sozis –
(wo der Dollfuß g'schossen hat)

Schuschnigg –
Hitler –
Türkenkriege –
Kahlenberg –
Kapuzinergruft –
Oper –
(war schon)
Dorotheum –
und die gute Wiener Luft!

Gänsehäufel –
Alte Donau –
Prater –
(war schon!)
Watschenmann –
Ottakringer Bier –
und Gösser –
Mautner Markhoff –
Karajan.

Wiamasan sosamma
(Sprichwort)
Sehr viel Dichter –
(Kleinigkeit!)
Wosmaham deshamma
(Sprichwort)
und mir hab'n:
Vergangenheit!

Antiquitäten wie du und ich
(Sketch für Zeitventil 1970)

Reporter: Meine Damen und Herren, wir befinden uns auf der ersten Österreichischen Antiquitätenmesse, die gestern von Altbundeskanzler Gorbach und Gewerkschaftspräsidenten Altenburger eröffnet wurde. Sie steht unter dem Motto »Antiquitäten wie du und ich« und ist – wie könnte es anders sein – ein großer internationaler Erfolg. Vor allem eine österreichische Entdeckung hat die Fachwelt aufhorchen lassen.
Darf ich Ihnen den Chefantiquar Österreichs, Herrn Dr. Dr. Alt, vorstellen.
Herr Antiquariatsrat, wie ist das Motto zu verstehen?

Dr. Alt: Sehen Sie, wir wollen damit die Identifikation des Österreichers mit dem Objekt erreichen. Schließlich ist das Antike bei uns in Österreich nicht einfach eine Ware, sondern ein Teil von uns selbst, ein wesentlicher Bestandteil unseres Lebens, gewissermaßen.

Reporter: Es ist also eine typisch österreichische Ausstellung geworden?

Dr. Alt: Das darf man wohl sagen.

Reporter:	Herr Dr. Dr. Alt, Sie als österreichischer Chefantiquar sind wohl der gegebene Mann, unseren Zuschauern zu erklären: Was ist eigentlich eine Antiquität?
Dr. Alt:	Sehen Sie, eine Antiquität ist eine Sache, die man liebt, aber eigentlich nicht unbedingt braucht. Das heißt, der Wert einer Antiquität steht meist in reziprokem Verhältnis zu ihrer Verwendbarkeit. Oder volkstümlich ausgedrückt: Eine Antiquität ist eine Sache die viel kostet, aber eigentlich nichts wert ist.
Der Reporter:	Wenn Sie uns das vielleicht verdeutlichen können? (Er hält unwillkürlich ein altes Bügeleisen fest.)
Dr. Alt:	Na, sehen Sie zum Beispiel dieses Bügeleisen, brauchen Sie das?
Reporter:	Ja, es ist sehr hübsch. Meine Frau wollte immer schon so eines haben.
Dr. Alt:	Zum bügeln?
Reporter:	Natürlich nicht, sie wollte gern Nelken darin pflanzen.
Dr. Alt:	Eine reizende und sehr beliebte Idee, nur genaugenommen wurde das Bügeleisen eigentlich zum bügeln erfunden. Für Nelken gibt es Vasen oder Knopflöcher. (Er steckt sich eine Nelke ins Knopfloch.)
Reporter:	Bitte nicht vor der Kamera!
Dr. Alt:	Verstehe. Nelken gehören also weder ins Fernsehen noch ins Bügeleisen.

Reporter:	Aber so eine Madonna oder ein Buddha?
Dr. Alt:	Die sind auch nicht als Antiquitäten gemacht worden. Das waren ja zunächst nur religiöse Symbole. Heute kümmert das den Sammler wenig, er sieht mehr auf Faltenwurf und Fassung. Und selbst das kommt immer mehr aus der Mode, weil es Kennerschaft voraussetzt, und die schätzt man heute nicht mehr.
Reporter:	Was schätzt denn der Sammler von heute?
Dr. Alt:	Den Platz über seinem Kamin und ob die Madonna dort hinpaßt. Außerdem schätzt man heute besonders die sogenannte »Fremdverwendbarkeit« eines alten Stückes. Man nennt das auch, die Stücke »lustig« verwenden. Beispielsweise Beichtstühle als Hausbar, Spinnräder als Lampen, Schlitten als Zeitungsständer, größere Schmerzensgruppen als Stereoanlage, alles sehr lustig.
Reporter:	Ich verstehe, um teure Sachen zu sammeln, die man nicht braucht, dazu gehört schon eine Portion Humor. Nun aber zu der sensationellen österreichischen Entdeckung für das internationale Antiquitätengeschäft. Worauf beruht sie?
Dr. Alt:	Sehen Sie, wir alle wissen doch, daß antike Sachen rar sind. Andererseits

wächst die Zahl der Leute, die sich mit Dingen umgeben wollen, die Vergangenheit in die Gegenwart bringen. Österreich hat nun aus Tradition die Erfahrung gewonnen, daß nicht nur Gegenstände, sondern auch Ideen, Institutionen, Personen und künstlerische Darbietungen Altertumswert haben können und demnach als Antiquitäten aufzufassen sind. Alles eben, was sich selbst bereits überlebt hat.
(Sie gehen in den ersten Ausstellungsraum.)
Wir finden ja solche Antiquitäten ständig um uns. Die Altertümer von heute sind die unbekanntesten Altertümer. Und wenn die erst einmal ausgegraben werden, dürfte es einen weltweiten Boom geben.
Hier unsere Sonderschau »Schmonzes Austriacae« –

Reporter: (Bleibt beeindruckt vor einem riesigen Komplex stehen.) Was ist das?

Dr. Alt: Unser Prunkstück, die Bundestheater.

Reporter: Oper, Burgtheater – ja darf man denn die verkaufen?

Dr. Alt: Der Eigentümer möchte sicher gern, aber die nimmt ihm keiner ab, die sind viel zu teuer. Wir haben sie nur als Blickfang hier stehen, als Renommierobjekt, gewissermaßen als unverkäufliche Dekoration.

Reporter:	Könnte man sie nicht umfunktionieren, wie das Bügeleisen?
Dr. Alt:	Sie meinen sinnvoll zweckentfremden, als Garage oder Großfrisiersalon?
Reporter:	Ja, »lustig«...
Dr. Alt:	Die Bundestheater kann man nicht lustig verwenden, bisher ist noch jedem Besitzer das Lachen vergangen. Da hat man schon mehr Glück in unserer »Polit-Boutique«. Die Sachen hier gehen immer noch recht gut weg im Zeichen der Nostalgie. Hier sehen Sie Taschenideologien für den Normalverbraucher. Eine kleine kommunistische, eine christ-kapitalistische, eine sozialistische und eine gut erhaltene nationale. Zu der gibts für unsere Kleinsten noch ein lustiges Kartenspiel: Der blaue Peter. Die Ideologien sind alle schon ein bisserl schwach auf die Füß', aber immer noch sehr dekorativ.
Reporter:	Was ist das hier? (Er hält ein dünnes Paket in der Hand.)
Dr. Alt:	Ein Konvolut Austromarxismus, kaum mehr zu kriegen.
Reporter:	Was ist das dort drüben?
Dr. Alt:	Das ist die Abteilung »Zeitgenössische Antiquitäten«. Hier ein Gustostückl: das Bundesheer. Klein, aber teuer, so haben wir's gern.

Reporter:	Was, das ist auch eine Antiquität?
Dr. Alt:	Ich sage Ihnen ja, eine Antiquität ist eine Sache, die man liebt, aber nicht unbedingt braucht.
Reporter:	Könnten Sie unseren Zuschauern nicht ein paar preiswertere Sachen zeigen?
Dr. Alt:	Da muß ich Sie in die »Austria Schwemme« bitten. Hier zum Beispiel die Lipizzaner, die geben wir jetzt im Ramsch ab. Wenn jemand einen größeren Posten nimmt, kriegt er noch einen Sängerknaben gratis drauf.
Reporter:	Hätten Sie nichts Handlicheres?
Dr. Alt:	Ja, höchstens das hier, ein billiger Posten für's Handtaschl: das goldene Wienerherz. Aber bitte niemals »lustig« verwenden, da zerbricht's! (Schaut zu einer Vitrine, strahlt.) Schaun S', da drüben ist die Frau Minister Firnberg.
Reporter:	Was, die wird auch verkauft?
Dr. Alt:	Nein, die schaut sich hier nach neuen Ideen um.
Reporter:	Herr Dr. Alt, können Sie zum Abschluß unseren Zuschauern einen Tip geben? Wo soll der Laie heute investieren, damit er morgen eine wertvolle Antiquität hat?
Dr. Alt:	Ich würde sagen, fast überall in Österreich. Allgemein darf man feststellen,

fast alles, was hierzulande geschieht, wird in Kürze museumsreif sein.
Wir haben da nämlich eine besondere Methode entwickelt, die uns eine Menge Zeit spart: Wir machen von voneherein nix Neues.

Das Vitrinerl

Ich hab ein schönes alt's Vitrinerl
in mein' Biedermeierzimmerl.
Und mein Biedermeierzimmerl ist in Wien.
Darinnen samml' ich alte Sachen,
weil nur die mir Freude machen,
und die meisten Sachen sind schon ziemlich hin.
Meine Freunde tun das Ganze oft als Ramsch nur ab,
und sie sagen hinterrücks, daß ich an Klamsch nur hab.
Aber ich bin da viel schlauer,
denn ich weiß es ja genauer,
jede Mode, die kommt eines Tag's zurück.
Auch wenn sie schon längst verrotten,
werd'n die ältesten Klamotten
aus nostalgischen Marotten
wieder schick!

Alte Sachen, meine Herr'n,
hat man immer wieder gern.
Antiquitäten oder Kitsch,
alles ist gut, gut, gut!
Jeder Plunder ist begehrt
und steigt wunder was im Wert.
Nix ist moderner heute
als ein alter Hut!

Ich habe Rokokofigürl
und barocke Hintertürl,
alles was man halt in Wien zum Leb'n so braucht.
Ich brauche Schubert, Strauß und Haydn,
oder einen von den – beiden.
Und ein altes Wienerlied, das braucht man auch.
Nur moderne Kunst ist etwas, was mich eher stört.
Beispielsweise a Musik, wo man ka Musi' dabei hört.
Na, ich möcht doch herzlich bitten,
braucht der Wiener denn an Britten?
Von an Briten braucht der Wiener nur die Queen.
So a Queen ist was Reelles
und zugleich was Ideelles.
Und nur so was paßt hinein
in mei' Vitrin.

Alte Sachen, meine Herr'n,
hat man immer wieder gern.
Antiquitäten oder Kitsch,
alles ist gut, gut, gut!
Jeder Plunder ist begehrt
und steigt wunder was im Wert.
Nix ist moderner heute
als ein alter Hut!

Neunzehnhundertfünfundsiebzig
war Begräbnis – das ergibt sich –
von der Tante Anna. Nachher ging man aus.
Die Familie denkt nix Böses
und man redet dies und deses
und man läßt sich über alte Zeiten aus.

Onkel Walter hat ein bisserl z'viel am Most gelutscht.
Plötzlich lallt er: »Sind z'viel Juden durch den Rost
Und bei Schweinshaxen und Trauer   [gerutscht.«
nimmt man so was nicht genauer –
und man denkt, ein bisserl Wahres ist schon dran.
Böses Spiel zu guter Miene.
Alle g'hörn in mei' Vitrine!
Fragt sich nur, ob sie mal rauskommen –
und wann?

Alte Sachen, meine Herr'n,
hat man immer wieder gern.
Antiquitäten oder Kitsch,
alles ist gut, gut, gut!
Jeder Plunder ist begehrt
und steigt wunder was im Wert.
Nix ist moderner heute
als ein alter Hut!

SPÖ an der Regierung
sorgt für die perfekte Schmierung
aller Medien. Und 's klappt aus dem Effeff.
Und du sitzt mit Funktionären
und du läßt dir viel erklären.
Schließlich kommt die Rede auf den ORF.
Alle Dinge werden auf dem letzten Stand erhellt.
Schließlich sagt einer:
»Der Bacher g'hört an d' Wand gestellt!«
Und dann graben alle fleißig
nach dem Jahre vierunddreißig
und sie heben einen unverwesten Schatz.

Und sie reichen diese Mumie
ganz genüßlich umadum,
jede Mumie hat in der Vitrine Platz.

Alte G'schichten, meine Herr'n,
hört man immer wieder gern.
Antiquitäten oder Kitsch,
alles ist gut, gut, gut!
Jeder Plunder ist begehrt
und steigt wunder was im Wert.
Nix ist moderner heute
als ein alter Hut!

Ich hab ein schönes alt's Vitrinerl
in mein Biedermeierzimmerl,
und in dem Vitrinerl ist noch manches drin.
Alte Faust- und andre Keile,
patinierte Vorurteile,
und ein alles-besser-wisserischer Sinn.   [g'hörn
Zu den schönsten Stücken meiner teuren Sammlung
die bizarren, bösen Cliquen, die das Leben dir
Und in einem Ehreneckerl   [erschwer'n.
liegt ein ganz ein altes Deckerl
aus Brokat, aus Fransen und aus Crêpe de Chine.

Darauf lesen unversehrt wir
dieses Wort, das man gern hört hier –
und das alles das erklärt mir:
Wien bleibt Wien!

Chansons, Texte, Lieder

Viele singen von der Liebe

Viele singen von der Liebe,
und sie glauben fest daran.
Reimen Liebe mal auf Triebe,
mal auf Frau und mal auf Mann.
Viele singen auch von Küssen,
einmal zärtlich, einmal heiß –
denn sie glauben, daß von Küssen
jeder Dummkopf etwas weiß.

Manche singen von der Treue,
und sie bauen fest auf die.
Und sie schwören stets aufs neue,
auf dieselbe... glauben sie.
Selbst das Lied von Leid und Schmerzen
ist beim Publikum beliebt,
geht es doch gar sehr zu Herzen,
weil es viel Wehwehchen gibt.

Auch vom Krieg singt mancher Sänger
und vom Leid, auf dem er blüht.
Doch der Krieg, der dauert länger
als der Sänger und sein Lied.
Mancher singt sogar vom Tode –
heute meistens als Protest,
was sich – wie es große Mode –
zur Gitarre singen läßt.

Auch von Gott gibt's viele Lieder,
die sind nicht sehr populär,
womit man dann endlich wieder
angelangt beim Glauben wär.
Ich kann leider, hol's der Teufel,
mit den Liedern nicht mehr mit.
Denn ich glaub' nur an den Zweifel,
und darüber gibt's kein Lied.

Bla bla bla

Dichter, sei schlichter,
werde modern –
schreib deine Lieder
für die, die noch Lieder hör'n.
Schreib für die Kinder –
sag dazu ja!
Schreibe verständlich!
Schreibe: Bla bla bla.

Wenn ein Kind geboren wird,
ist es meistens sehr verwirrt –
und was macht es da?
Bla bla bla bla bla bla bla.

Tante Emma kommt mit Kuchen
Mutter sowie Kind besuchen,
und was spricht sie da?
Bla bla bla bla bla bla bla.

Mama freut sich, Papa freut sich,
und es freuen alle Leut' sich,
Omama und Opapa,
alle jubeln: Bla bla bla.

Wenn das Kind erst laufen kann,
setzt man es aufs Fernsehen an.
Und was sieht es da?
Bla bla bla bla bla bla bla.

Mutter kann es kaum erwarten,
Kind kommt in den Kindergarten.
Und was macht es da?
Bla bla bla bla bla bla bla.

Weil es sich nicht wehren kann,
kommt das Kind zur Schule dann.
Und was hört es da?
Bla bla bla bla bla bla bla.

Kind lernt lesen, rechnen, schreiben
und vor allem – Zeit vertreiben,
singen, turnen, Algebra,
kurz – das kleine Bla bla bla.

War die Penne auch vergebens,
folgt die Schule dann des Lebens.
Und was tut sich da?
Bla bla bla bla bla bla bla.

Auf dem Sound von Hit-Paraden
lernt es in Gefühlen baden –
und was fühlt es da?
Bla bla bla bla bla bla bla.

Kind lernt auch noch diskutieren
und womöglich gar marschieren,
beides kennt man ja:
Bla bla bla bla bla bla bla.

Die Erwachs'nen, diese Meute,
machen aus den Kindern Leute,
schließlich ist der Tag dann da
für das große Bla bla bla.

Unser Kind – jetzt endlich groß –
wiegt ein Baby auf dem Schoß.
Und was sagt es da?
Bla bla bla bla bla bla bla.

Wir haben es uns so gemütlich gemacht

Wir haben es uns so gemütlich gemacht
in dieser Welt voller Tränen.
Wir haben Konfekt und Kerzen gebracht,
im Ofen ein freundliches Feuer entfacht
und wollen das Draußen nicht kennen.

Wir sitzen im Zimmer und sehn nicht hinaus,
wir wollen uns auch nicht erheben.
Wir glauben, das eigene winzige Haus
und was wir erfahren tagein und tagaus,
das wäre das wirkliche Leben.

Und wir wühlen zufrieden in Talmi und Tüll,
denn das Zeug wird ja sehr propagiert heut.
Und mit sehr viel Herz und viel falschem Gefühl,
so drehn wir das ewige Ringelreihspiel
um das goldene Kalb der Borniertheit.

Und alles, was unser Idyll irritiert,
sei es Krieg oder Kunst oder Klarheit,
wird flugs in die hinterste Ecke bugsiert,
mit Chippendale, Nippes und Putten garniert
und liegt dort als Wochenblattwahrheit.

Die holen wir dann zum Kaffeeklatsch hervor,
mit Kuchen und Milch wohl versehen.
Dann halten wir uns unser Hörrohr ans Ohr
und wir kommen uns wichtig und weitsichtig vor
und können die Welt nicht verstehen.

Und alles ist gut, was auch gestern schon war,
weil alles das weise und tief ist.
Der Krieg ist recht scheußlich,
die Kunst wunderbar,
drum hat man sie schließlich und zahlt auch in bar.
Doch nur, wenn sie gerad' und nicht schief ist.

Die Welt ist in Ordnung, die Ordnung im Lot.
Schließlich alles ist schon mal gewesen.
Und wir sehen nicht Notstand, wir sehen nicht Not,
wir sehen nicht Hunger, nicht Elend, nicht Tod.
Wir sehen nur Wohlstand und Spesen.

Wir haben auch nicht den geringsten Verdacht,
daß wir unseren Auftrag nicht kennen.
Und wenn's im Gebälk auch schon knistert und kracht,
wir haben es uns gemütlich gemacht
und werden gemütlich verbrennen.

Smile the American Way

Irgendwo auf der
Bühne wird eine
Zeltplane aufge-
spannt, auf deren
Innenseite das
Wort »Smile« in
glitzernden Buch-
staben steht.
Der Entertainer
zieht sich auf der
Bühne ein Glimmer-
Jackett an, schlüpft
in Stepschuhe und
setzt sich einen
Zylinder auf

Der Entertainer
And now come on and smile!

zum Pianisten
Der Pianist spielt
»Smile«

Give me some tunes!

Der Entertainer
It's a wonderful day today!

Pianist spielt
»A wonderful day«

Der Entertainer
Yes, life is beautyful!
You are beautyful!
Everything is beautyful!

Pianist spielt
»Come to the
Cabaret«

Der Entertainer
Leave your troubles outside,
be happy!

Er ist jetzt fertig
angezogen und
geht ans Klavier.
Zum Pianisten

Der Entertainer
Give me some tunes about happyness!

Der Pianist spielt
»Happy days are
here again«

Der Entertainer
Wonderful, and now this!

Er setzt sich zum
Pianisten ans
Klavier, spielt mit
ihm »Get happy«.
Der Bassist setzt
ein. Der Entertainer
steht auf, beginnt
zu steppen,
schließlich singt er

Der Entertainer
I want to be happy
You want to be happy
They want to be happy too.
I want to be happy
but I won't be happy
till I make you happy too

Steptanz
Musik geht abrupt
über in »Happy
Birthday to you«.
Der Entertainer
lacht sich krumm
über diesen
»Spaß«, animiert
die Leute zum Mit-
lachen

Entertainer
Ha Ha Ha
ain't we got fun?
Come on, be happy!
Come on, keep smiling!
Smile the American Way!

Come on, let's be friend!
Come on, clap your hand!
Come on, be happy and gay!
Mach's so wie ich, und du bist o.k.
Smile the American Way!

Und hast du mal Sorgen,
verschieb sie auf morgen,
denk nicht drüber nach and say:
»Sonne ist besser als Regen und
Schnee.«
Smile the American Way!

Es gibt viele Leute,
die sagen sich heute,
das Leben sei finster und mies.
But this is my lesson:
Das mußt du vergessen,
believe in yourself and »cheese«!

Dein Kind kann verreckt sein,
die Show muß perfekt sein,
vom Pentagon bis zum Broadway.
Ob Nixon, Bob Hope oder
Cassius Clay:
They smile the American Way.

Tanz

Entertainer
Wenn wir in den Staaten
in Troubles auch waten
von Watergate bis CIA,

wer nicht mit uns lacht,
der ist bald passé:
He dies the American Way.

Den Dreckfleck am Stecken,
den kann man verdecken,
wenn man es nur richtig dreht.
Schau, wie Mr. Nixon sich darauf
versteht –
zum Lachen ist's nie zu spät.

Und fällt auch der Dollar,
wir kriegen keinen Koller,
wenn sich auch die Welt sehr
beklagt.
Wir lassen den Glauben
an uns uns nicht rauben,
weil man in Amerika sagt:
Mädchenstimme
Everything is going better and better

Großer Musik-
einsatz. Der Enter-
tainer tanzt in der
Art von Revuegirls

Männerstimme
Everything we have to faire it's faire itself
Chor
Good times are here to stay

Kanonenschuß

Der Entertainer

wechselt den
Zylinder gegen
einen Stahlhelm

Chor
Good times are here to stay

Der Entertainer

reißt die Plane mit
dem »Smile« aus
der Halterung,
wickelt sich darin
ein. Er ist jetzt ein
Soldat, in eine
grobe Zeltplane
gekauert

Chor
Good times are here to stay
Der Entertainer

lacht verkrampft
und nixonesk ins
Publikum.
Letzter Kanonen-
schuß

Black out

Die totale Nostalgie

Dunkel. Trommel im üblichen Marschrhythmus.
Licht. Stankovski mit Überschwung und
HJ-Trommel. Einsatz des Klaviers. Fehrbelliner
Reitermarsch.
Daraus entwickelt sich von Stankovski gesungen:

> Es zittern die morschen Knochen
> der Kämpfer für Deutschlands Ehr.
> Wir haben uns lange verkrochen,
> doch heut sind wir wieder wer.
> Denn jetzt kann man überall lesen
> im SPIEGEL, in BILD und im STERN,
> so schlimm ist es gar nicht gewesen –
> und das liest der Leser gern.
>
> Es schreiben die Illustrierten
> in Deutschland und aller Welt
> vom Führer und von uns Verführten
> – das bringt nämlich bares Geld.
> Wir brauchen uns nicht mehr zu hassen,
> wir sind rehabilitiert.
> Bei Hitler, da klingeln die Kassen,
> und Kassa – entnazifiziert!

Stankovski dreht die Trommel um und tritt an ein
»Rednerpult«. Dieses besteht aus einem Stapel von
Büchern, Illustrierten und Fahnenabzügen.

Stankovski:
> Kameraden! Wir finden uns heute wieder zusammen in Erinnerung an eine große Zeit. Und an die großen Männer dieser Zeit! Fast dreißig Jahre mußten vergehen, ehe man in Deutschland den Namen Adolf Hitler wieder aussprechen konnte, ohne schamrot zu werden über die Reaktionen unserer Volksgenossen, die – von Presse und Fernsehen systematisch verhetzt – nicht aufhörten, unsere Vergangenheit in den Schmutz einer völkischen Selbst-Denunziation zu zerren...

Wir wollen hier gar nicht verschweigen, daß große Verbrechen geschehen sind. Aber wir wollen auch nicht vergessen – und auch das dürfen wir heute wieder aussprechen –, daß damals nicht alles schlecht war. Fragen Sie draußen im Land die Leute und vor allem die jungen Leute. Sie wissen oft gar nicht, wer Hitler ist, sie wissen nicht, was Faschismus ist, obwohl sie dauernd davon reden, aber sie wissen, *was eine Autobahn ist!* Und daß die von Adolf Hitler gebaut worden ist, das läßt sich nicht wegdiskutieren! Genauso wenig wie die Tatsache, daß damals Ordnung war in Deutschland!

Das dürfen wir heute wieder sagen – und auch, daß Hitler eine einmalige, faszinierende Persönlichkeit gewesen ist. Daß wir Deutschen nicht irgend jemandem auf den Leim gegangen sind, sondern einem Mann,

dessen klaren, blauen Augen nicht einmal ein
Albert Speer widerstehen konnte...
Das alles dürfen wir nicht nur sagen, sondern
auch lesen. Und darum soll heute ein Dank
ausgesprochen werden allen denen, deren
Verdienst es ist, die Aufmerksamkeit der
breiten Öffentlichkeit wieder auf unsere
Geschichte gerichtet zu haben.
Wir danken Henri Nannen für die mutige Tat,
die Memoiren Baldur von Schirachs
abgedruckt zu haben. Er hat damit eine
Bresche in das Vorurteil der öffentlichen
Meinung von gestern geschlagen. Einen
Brückenkopf, von dem aus erfolgreich
operiert werden konnte in der Schlacht um
die Bewältigung der deutschen Vergangenheit!
Wir danken allen Kämpfern in dieser
gewaltigsten Papierschlacht der Nachkriegs-
geschichte.
Ihnen allen ein dreifaches Hipp Hipp
(vom Band) Hurra!
Hipp Hipp –
Hipp Hipp
Hurra!

Musikeinsatz Horst-Wessel-Lied. Stankovski
hebt mit der rechten Hand die Fahnenabzüge
hoch – verharrt in dieser Stellung, singt:

Die Fahnen hoch,
die Augen fest geschlossen.
Der Trend marschiert
zur Nazi-Nostalgie.

Es ist ja längst genügend Zeit
seither verflossen,
was gestern Schuld,
ist morgen Poesie!

Stankovski:
Wollt Ihr die totale Nostalgie???

Über Band (von Originalplatte)
Jaaaaaaaaa!!!

Dunkel.

Ich muß wieder in München sein

Wenn, was schließlich mal passieren kann,
man von München weg ist dann und wann,
kriegt man selbst als schnöder Gastarbeiter
Sehnsucht, Heimweh, Zeitlang und so weiter.

Und man denkt, es wäre ja ganz schön,
litt' man wieder einmal unter Föhn.
Denn was nützt dir schon die beste Luft,
wenn der Ruf der Berge ruft.

Und du sitzt in fernen Breiten
ohne all die Kleinigkeiten,
die dich täglich freuen in München –
und du möchtest dich selber lynchen.
Dann verdichten sich zum Trauma
Sehnsüchte nach Bier und BAUMA.
Und gern glaubst du einem Preußen,
der im Suff vertraut dir hat:
»Wenn mich auch die Bayern beißen,
München ist die schönste Stadt!«

Und dann fliegst du einen Jet zuschanden,
um in Riem nur nicht zu spät zu landen.
Siehst du dann das Land in miesem Niesel,
denkst du gleich an Wiesenzeit und Hiesel.

Und du läufst durch viele, viele Gänge
noch einmal des ganzen Fluges Länge.

Und beglückend prägt es sich dir ein:
Ich muß wieder in München sein!

Ich merk's am Himmel, der hier klarer,
ich merk's am Duft von frischem Mist,
ich merke es am Taxifahrer,
der schlecht gelaunt ist und nicht grüßt.
Ich merk's an der beliebten Mundart,
in der die Leut', wenn s' flüstern, schreien –
ich merk's, wenn ich aufs Zahlen a Stund' wart':
Ich muß wieder in München sein.

Ich merk' es an der langen Leitung,
ich merk's am Wasser, am Kaffee.
Ich merk' es an der Abendzeitung,
an jedem Starlet, das ich seh.
Ich merk' es an der Feldherrnhalle,
ich merk's am Wiesenmaß, am Wein,
und auch am Preis im Zweifelsfalle:
Ich muß wieder in München sein!

Ich merk' es an den schicken Hasen
und an der Schwabing-Szenerie.
Und an den eher dicken Nasen
der Bier-Set-high-Society.
Ich merk's am Freizeitgrill im Grünen,
an all den Party-Tratscherei'n
vom Skifahren, Segeln, Geldverdienen:
Ich muß wieder in München sein!

Ich merk' es an den Fußgehzonen,
an bunt bemalter Nostalgie.

An dem urbanen »Schöner Wohnen«,
an Schickität und an Schi-Schi.
Ich merk' es an den Modeschneidern,
an Trachten-Smoking-Spielerei'n
und Dirndl-Schürzen-Abendkleidern:
Ich muß wieder in München sein!

Ich merk' es an die damischen Ritter
und an dem bauernschlauen Schmäh.
Ich merke es am Kronawitter
und an der ganzen SPD.
Ich merk's an Blasmusik und G'stanzeln,
und an den Rathausstreiterei'n
und an den Worten von den Kanzeln:
Ich muß wieder in München sein!

Ich merk's am Charme, an dem relaxten,
der wie die Lederhosen kracht,
an Maurus Pachers Liedertexten
und daß man hier darüber lacht.
Ich merk' es an den schicken Cliquen
und an den Weltstadtträumerei'n.
Und morgen dann an den Kritiken:
Ich muß wieder in München sein!

Schwabing 64

Hinterm Siegestor in Bayern –
wie bekanntlich München auch –
liegt für jede Art von Feiern
eine Leiche zum Gebrauch.

»Schwabing« ist der längst verstorb'nen
Dame Name, wie man hört.
Und sie hat 'nen leicht verdorb'nen
Geruch – von dem sie zehrt.

Einstmals war sie sehr lebendig,
nicht grad intellektuell,
aber frisch und bodenständig
und ein bisserl provinziell.

Doch man konnte bei ihr pennen,
wie es so mit Damen geht,
die ein Herz ihr eigen nennen,
einen Kochtopf und ein Bett.

Aber lustig san mir
und aus Bayern san mir,
weiß und blau san mir
net umsunst...
und a Bier hab'n mir
und a Wiesen hab'n mir
und was übrig hab'n mir
für die Kunst.

Maler durften bei ihr schlafen,
hie und da auch ein Poet,
und auch Bürger – die ganz braven –
na, sie war ein bisserl blöd.

Doch die Künstler sind gestorben,
manchem starb nur seine Kunst,
manche sind gestorben worden
von den Bürgern ihrer Gunst.

Viele hat es fortgetrieben
in ein etwas fein'res Haus.
Nur die Bürger sind geblieben,
denn die sterben ja nicht aus.

Und sie wurde alt, die Dame,
siechte hin – gab auf den Geist.
Heute prangt nur noch ihr Name
auf dem Sarg, der Busineß heißt.

Aber lustig san mir ...

Doch die Leiche darf nicht sterben,
sie ist viel zu populär.
Und zum Nutzen ihrer Erben
wirkt sie auf die Fremden sehr.

Darum jährlich – ungebrochen –
schändet man die Tote dreist,
und dann kommt sie in die Wochen,
welche »Schwabinger« man heißt.

Dann geht's rund im alten Bette.
Brave Bürger jückt der Schalk,
und mit Unsinn um die Wette
rieselt künstlerischer Kalk.

Kitsch und Kunstgewerbe wuchern,
in den Kneipen ist kein Platz –
denn man bietet den Besuchern
manchen Ringelpietz und -natz.

Wedekind wird vorgetragen
und Klabund wird rezitiert,
was (man darf es ja nicht sagen)
keinen Hund interessiert.

Alte wack're Tukanesen
(dachtest du, die gibt's nicht mehr?)
kehren dann mit gold'nem Besen
Staub von gestern hin und her.

Gläserne Poeten klagen
um die gute alte Zeit.
Darf man die, die klagen, fragen:
»Warum schreibt ihr nicht für heut?«

Warum habt ihr euch verkrochen?
Türmchen, Türmchen Elfenbein.
Jugend, die will angesprochen,
notfalls angeschrien sein.

Doch das überlaßt ihr denen,
die nur schreien und nichts sagen,
die mit Lärm und falschen Tränen
Schwabing endgültig begraben.

Und von Schwabinger Laternen
baumeln billige Klischees
und zu föhngeplagten Sternen
steigt das Credo der Kneipiers.

Und der Geist wird weggelümmelt
und die Nacht ersäuft im Bier.
Nur ein »Novak«, arg verstümmelt,
kreist als Ungeist über ihr.

Hinterm Siegestor in Bayern –
wie bekanntlich München auch –
liegt für jede Art von Feiern
eine Leiche zum Gebrauch.

Aber lustig san mir
und aus Bayern san mir,
weiß und blau san mir
net umsunst....
und a Bier hab'n mir
und a Wiesen hab'n mir
und was übrig hab'n mir
für die Kunst.

Die falschen Fragen

Chanson für Hana Hegerova

Wo kommst Du her?
Wo gehst Du hin?
Bist Du auch brav?
Wo warst Du vorhin?
Was treibst Du hier?
Darfst Du das tun?
Was hast Du getan?
Und was tust Du nun?
Warum bist Du schlimm?
Warum bist Du nicht still?
Warum machst Du Krach?
Warum sprichst Du so viel?
Kannst Du Dich denn
mit niemand vertragen?

Man stellt immer
die falschen Fragen.

Hast Du mich lieb?
Bleibst Du bei mir?
Bist Du mir treu?
Was denkst Du von mir?
Gehst Du jetzt fort?
Wann kommst Du zurück?
Warum sagst Du kein Wort?

Sag, was soll dieser Blick?
Liebst Du mich noch?
Warum sagst Du's mir nicht?
Weshalb bist Du stumm?
Warum lügt Dein Gesicht?
Hast Du mir denn
gar nichts mehr zu sagen?

Man stellt immer
die falschen Fragen.

Mußte das sein?
Warum grade ich?
Warum läßt das Glück
mich immer im Stich?
Hab' ich gedurft?
Hätt ich gesollt?
Hab ich nicht stets
das Beste gewollt?
Wie konnt' es gescheh'n?
Warum grade mir?
Was hab ich getan?
Was kann ich dafür?
Wie soll ich das alles
noch weiter ertragen?

Man stellt immer
die falschen Fragen.

Warum weht der Wind?
Warum wächst das Gras?
Warum weint ein Kind?
Warum bricht das Glas?
Woher kommt der Haß?
Woher kommt das Leid?
Warum gibt es Krieg?
Warum rinnt die Zeit?
Warum kommt der Tod?
Warum nagt die Not?
Warum fehlt der Schnittlauch
auf meinem Brot?
Warum hören sie nie
auf mit den unnützen Klagen?

Man stellt immer
die falschen Fragen.

Der dämliche Refrain

Warum hörst Du zu,
wenn der Dummkopf Schlager singt,
wenn das ma'rer noch als mager klingt,
warum hörst Du zu?
Warum pfeifst Du mit,
wenn die Puppe Schnulzen singt
und das Hirn Dir zum Versulzen bringt,
warum pfeifst Du mit?

    Es ist der dämliche Refrain,
    der so bequemliche Refrain,
    der Dir wie Sirup
    durch die träge Seele fließt.
    Es ist der nämliche Refrain,
    der so bequemliche Refrain,
    der doch ein Stück von Dir
    und Deinen Träumen ist.

Warum gehst Du hin,
wenn man Dich zu Parties lädt,
wo am Grill man doofe Smartys brät,
warum gehst Du hin?
Warum sitzt Du dort,
wo man Dich nach Mache wiegt,
wo sich jeder in die Tasche lügt,
warum sitzt Du dort?

Es ist der protzige Refrain,
der so großkotzige Refrain,
der Dir wie Rauschgift
durch die müde Seele fließt.
Es ist der nämliche Refrain,
der so bequemliche Refrain,
der doch ein Stück von Dir
und Deinen Wünschen ist.

Warum hältst Du still,
wenn man Dich mit Phrasen spickt,
wie die Köchin »Falsche Hasen« spickt,
warum hältst Du still?
Warum schreist Du mit,
wenn jetzt grad' die Masse brüllt,
die die Kneipe und die Straße füllt,
warum schreist Du mit?

Der solidarische Refrain,
dieser ärarische Refrain,
der Dir das Hirn vergattert,
ehe es noch denkt.
Dieser bequemliche Refrain,
dieser so dämliche Refrain,
der Dich in jede
grad' erwünschte Richtung lenkt!

Stoooooop!

Die verpaßte Gelegenheit

Chanson für Milva

Kennst Du den Fries
an der Kanzel von Torcello –
in der alten grauen Kirche
auf den Trümmern
einer längst verfall'nen Stadt
in der Lagune:
Die verpaßte Gelegenheit.

Lang ist es her,
da stand ich vor dieser Kanzel,
sah das Bild aus weißem Marmor,
und ich ahnte damals nicht,
das Relief, das ist mein Leben.
Die verpaßte Gelegenheit.

Ich war jung damals, noch ein Kind,
und ich war verspielt, wie es Kinder sind.
Und ich war brutal, Kinder sind manchmal
grausam wie der Wind, grausam wie das Licht,
sie tun weh – und sie wissen's nicht.

Er war klein, kleiner noch als ich,
und er liebte niemanden mehr als mich.
Und ich quälte ihn, wie man Freunde quält,
Menschen die man liebt, nur weil es sie gibt.

Und er rannte weg, denn ich gab nicht nach –
und dann war ein Schrei – und dann war ein Krach –
...nur ein kleines Wort, nur »Es tut mir leid«,
hätt ich es gesagt, lebte er noch heut...
Die verpaßte Gelegenheit.

Wieder das Bild
an der Kanzel von Torcello:
Die geflügelte Gestalt
mit schnellen Rädern an den Füßen,
die vorbeieilt, scheu und flüchtig:
Die verpaßte Gelegenheit.

Diese Frau, die mich einst gebar,
der ich alles danke und nie dankbar war –
ich hab' sie verkannt, bin davongerannt –
als ich wiederkam, um zu danken ihr,
war sie tot – ohne Trost von mir.

Dann kamst Du und mit Dir mein Sinn.
Und ein jeder Nerv zog mich zu Dir hin.
Und ich wußte es, nur mit Dir allein
kann mein Leben mehr als nur Zufall sein.
Doch ich war nicht frei und ich wagte nicht.
Und ich ließ Dich gehn und mit Dir mein Licht.
Und ich weine um die verlor'ne Zeit,
denn ich traf mein Glück
und war nicht bereit:
Die verpaßte Gelegenheit.

Ich bin reich heute und berühmt,
manches fiel mir zu,
manches war verdient.

Und ich frag' mich oft:
Hab' ich das erhofft?
Hab' ich das gewollt,
wollte ich nicht mehr –
ist mein Leben nicht
trotz der Fülle leer?

War ich arm damals ohne Geld?
Ist es nur das Geld,
was zum Reichtum fehlt?
Ahnte ich nicht mehr
als ich heute weiß?
War mir fremdes Leid
nicht näher als heut?

Doch ich hatte Kraft,
die mich kämpfen hieß.
Ich vertrieb mich selbst
aus dem Paradies.
Und ich steh' am Rand
meines Lebens heut
und ich sehn' zurück
eine frühe Zeit.
Die verpaßte Gelegenheit.

Es ist noch nicht so lange her

Es ist noch nicht so lange her,
da sagtest Du, Du liebst mich sehr
und Deine Liebe würde niemals enden.

Es ist noch nicht so lange her,
da war die Welt noch halb so leer,
das Glück hielt Dich und mich in heißen Händen.

Der Tag war alt,
die Liebe kalt,
der Wein ist ausgetrunken.

Heut gehn wir durch den leeren Raum,
was einmal war, ist kaum ein Traum.
Und schattenlos im Schoß der Zeit versunken.

Efeu

Er hat noch einen Baum gepflanzt

Er hat noch einen Baum gepflanzt –
er leerte einen Kübel.
Er hat noch einen Tanz getanzt –
und nachher war ihm übel.

Er hat noch einen Joint geraucht –
er fegte noch ein Zimmer.
Er hat noch eine Frau gebraucht –
und fand es so wie immer.

Er hat nochmal Musik gehört –
er gähnte im Theater.
Hat einem Kind die Welt erklärt –
und fühlte sich als Vater.

Er hat noch einmal diskutiert.
Er hat nochmal gegessen.
Er hat noch einen Drang verspürt.
Er hat noch – was vergessen.

Er hat noch einmal »Scheiß« gesagt
und hat es sehr genossen.
Er hat nochmal nach Gott gefragt –
dann hat er sich erschossen...

Wie wirst du aussehen

Wie wirst du aussehn, wenn du alt bist –
du süßes Ding im Minikleid –
wenn deine Jugend einmal kalt ist
und deine Büste ohne Halt ist –
der Tag ist nicht so fern von heut.
Wie wirst du aussehn, wenn du alt bist?

Wie wirst du aussehn, wenn du dick bist,
wenn dieser schlanke Schenkel quillt.
Wenn deine Taille nicht mehr schick ist –
wenn Kopf und Fuß aus einem Stück ist –
und deine Platte abgespielt.
Wie wirst du aussehn, wenn du dick bist?

Wie wirst du aussehn, wenn du dumm bist
und nur mehr mit der Meute tanzt?
Wenn deine kurze Spanne um ist
und deine laute Hoffnung stumm ist –
was du dir heut nicht denken kannst.
Wie wirst du aussehn, wenn du dumm bist?

Wie wirst du aussehn, wenn das Leid kommt
und deine Nächte unterhöhlt?
Wenn du erkennst, daß keine Zeit lohnt –
daß überall der nackte Neid wohnt
und dich das Glück der andern quält –
wie wirst du aussehn, wenn das Leid kommt?

Wie wirst du aussehn, wenn du krank bist,
wenn Schmerz dich in die Kissen preßt,
dein armer Körper voll Gestank ist –
wenn alle Welt so ohne Dank ist
und dich alleine sterben läßt –
wie wirst du aussehn, wenn du krank bist?

Wie wirst du aussehn, wenn du tot bist –
du süßes Ding im Minikleid?
Ich frage dich, weil du so flott bist
und scheinbar gänzlich ohne Gott bist –
und ohne Ziel und ohne Zeit.
Wie wirst du aussehn – –

Drei Frauen

Ute (16)

Sagt mir ihr Blick, daß sie feil ist?
Nein, dazu wäre sie zu jung.
Sie ist ein Zahn, der sehr steil ist –
und offensichtlich noch heil ist.
Aber –
mir fehlt jeder Schwung.

Sie sagt, daß sie voller Wein ist.
Meint sie damit, sie ist scharf?
Meint sie denn, daß sie allein ist
und ihre Unschuld ein Stein ist,
den man
bald wegwerfen darf?

Kindchen, du hörst zuviel Schlager!
Schau, hinter dir ist die Tür.
Gern spiel ich heut den Versager –
morgen dankst du mir dafür.

Mädchen, du siehst wirklich gut aus
und hast sehr brav posiert.
Geh heim und schlaf deinen Mut aus
und tobe dir dann deine Wut aus.
Von mir
wirst du nicht verführt.

Ingrid (42)

Sagt mir ihr Blick, daß sie frei ist?
Grad saß am Tisch noch ihr Mann.
Sie sagt, daß er nicht sehr treu ist
und daß er ihr einerlei ist,
schließlich
kommt's darauf nicht an.

Sie spricht viel von freier Ehe –
Fessel und Zwang wär ihr fern.
Sie sagt, daß sie es verstehe,
wenn jeder seinen Weg gehe,
denn man
ist ja doch modern.

Sie hat zwei Töchter erzogen.
Sie sagt, die eine ist tot.
Rauschgift und Mißbrauch von Drogen –
Sie sagt –
es gibt keinen Gott.

Sie sagt, auch sie habe Kummer
und einen Anspruch auf Glück.
Dann gibt sie mir ihre Nummer –
dann zahlt sie Austern und Hummer
und dann –
kommt ihr Mann zurück.

Karin (27)

Sagt mir ihr Blick, daß sie klug ist?
Jedenfalls spricht sie sehr viel.
Daß die Gesellschaft Betrug ist –
keine Reform ihr genug ist –
und daß
sie verändern will.

Sie sagt, die Männer parieren,
so etwas stützt das System.
Man muß politisch agieren
und die Frau emanzipieren –
denn die
Männer sind bequem.

Sie sagt, sie liebt ihre Freiheit,
jeden Zwang tadelt sie sehr.
Muttersein wär Sklaverei heut,
Heiraten –
reaktionär.

Sie spricht von neuem Bewußtsein –
was man als Mann nicht versteht.
Sie will kein Spielzeug der Lust sein
und keine wandelnde Brust sein –
und dann
will sie noch ins Bett.

Leere Augen

Leere Augen, wenn du heimkommst –
Leere Augen, wenn du gehst –
Leere Augen, wenn du ackerst –
Leere Augen, wenn du säst.

Leere Augen, leere Herzen –
Und im Kopf ein Vakuum –
Leere Freuden, leere Schmerzen –
Und viel Wohlstand drumherum.

Leere Augen, leere Münder –
Und ein dicker, voller Bauch!
Alle leben sie gesünder...
Und dein kranker Nachbar auch.

Leere Augen bei der Fete –
Leere Augen im Büro –
Leere Augen beim Gebete –
Und im Bette sowieso.

Leere Augen beim Vergnügen –
Leere Augen beim Verdruß –
Leere Augen beim Betrügen –
Und beim Kampfe und beim Kuß.

Leere Augen in der Lüge -
Leere Augen in der Not -
Leere Augen in der Wiege,
In der Ehe und im Tod.

Leere Worte, leere Lieder -
Leere Gäste auf dem Fest.
Im Erhalten leer und bieder -
Leere Phrasen beim Protest.

Leere Augen, leere Bräuche -
Leeres Glück und leeres Leid -
Leere Hirne, volle Bäuche -
Ja, so mag ich die Leut.

Ein deutscher Totentanz

Willst du richtig informiert sein,
mußt du SPIEGEL-abonniert sein.
SPIEGEL, kritisch, smart und helle:
BILD für Intellektuelle.

Auf drei Spalten zubereitet
und von Werbung chic begleitet
viele Informationen,
die grad zwei Mark fuffzig lohnen.
Neulich les ich – ei der Daus –
»Wann sterben die Deutschen aus?«

Zuviel Sex, zu wenig Babys,
wenn ich wart', vielleicht erleb ich's
in paar Jahren – welch Malheur –
gibt es keine Deutschen mehr.
Weil, wie SPIEGEL recherchiert,
heut der Babyschock grassiert!

Soziologen wissen's besser:
Kinder sind nutzlose Fresser
und nicht existenznotwendig.
Sie bekleckern sich auch ständig,
und sie tun mit List und Tücken
auf den Lebensstandard drücken;
ja, wenn sie zu zahlreich werden,

selbst den Fortschritt sie gefährden
und sie klauen den Frauen auch
was ihnen gehört: ihr Bauch!
Und wer stoppt heut gerne schon
die Emanzipation.

Keiner läßt gern sein Vergnügen,
lieber schon das Kinderkriegen,
und so werden mit der Zeit
immer weniger die Leut.
Die noch leben, müssen sterben,
niemand wird sie mehr beerben,
und so löst sich elegant
manch Problem in diesem Land.

Generationskonflikte,
Bombenleger und Verrückte,
Ausbeutung und Militär,
alles gibt es dann nicht mehr.

Auch die vielen blöden Sachen,
die nur Ärger jedem machen:
Autos – Steuern – Schulen – Bullen –
rechte und auch linke Nullen.
Sexbefreiung – Lustentbindung –
das System – samt Überwindung –,
alles ruht, wo es nicht stört,
kurz und gut – unter der Erd.

Die Gewerkschaftsbosse sollen
sich vom Arbeitskampf erholen,
endlich folgt man ihrem Rat:
Die Null-Stunden-Woche naht.
Keine Arbeit stellt in Frage
deutschen Hang zum Feiertage,
täglich ist dann blauer Montag
und gleichzeitig Totensonntag.

Fernsehen, das nur schlecht gewesen
und die Quelle alles Bösen,
hört dann auf, uns zu beflimmern.
Still wird's in Millionen Zimmern
und die Langeweile wohnt
bundesdeutsch – doch unvertont –
hinter bildentleerten Augen,
die nur noch zum Schließen taugen.

Niemand wird bei Shows und Quizzen
das Niveau mehr missen müssen,
alle Masters sind verflossen,
ich natürlich eingeschlossen.
Merseburger, Löwenthal,
auf dem »Letzten-Loch-Kanal«
stammeln nur noch sonderbare
nekrologe Kommentare.
Dann werden die Sender stumm,
denn es gibt kein Publikum.
Keines gibt's mehr bei der Post,
an den Schaltern sitzt der Rost,

mit der Bahn fährt niemand mit,
ausgenommen 's Defizit,
und kein Mensch mehr fällt betrunken
aus Kantinen und Spelunken.

Auch die Intellektuellen
stellen sich zum letzten Bellen,
Enzenzberger, Böll und Grass
öffnen noch ein letztes Faß,
und Marcuse, Bloch und Erben
hoffen sich ein Loch und sterben.
Selbst die Jünger Marx' und Kants
üben sich im Totentanz.

Und von Kiel bis Reichenhall
schwoft man auf dem Leichenball.
Kolumnisten treffen Stars
in den vollen Friedhofsbars,
eine letzte chice Sause,
Interview beim Leichenschmause,
jeder legt noch schnell ein Ei
und dann kommt der Tod herbei.

Dieser Tod, den man bejammert,
den diskret man ausgeklammert
aus des Wohlstands süßer Hast,
weil er in kein Image paßt.
Nicht in das der Illustrierten,
die das *Nichts* illuminierten –
das der Wirtschaftswunderknaben,

die das *Nichts* vervielfacht haben –
das der Juso's, die jetzt grollen
und es neu verteilen wollen.
Alle gibt es dann nicht mehr,
und das *Nichts* ist endlich leer:

Auch viel große feine Leute
sind des Todes kleine Beute.
Augstein, Burda, Nannen, Springer
geben grad zwei Kannen Dünger.
Und dann geht auch Vater Brandt
und dann weint das halbe Land
und weil sie so lieb ihn haben,
wird er unterm Strich begraben.
(Weil es ihm von früh bis spät
unterm Strich viel besser geht.)

Dann der Strauß und dann der Wehner –
na, wird das nicht immer schöner?
Dann der Steiner und der Wienand
und dann noch irgendein Niemand,
dann der Tünnes und der Schäl,
Renger macht den Kuchen gel.

Und die Schwarzen und die Roten
und die Nackten und die Toten
liegen dann im gleichen Bette
stumm als glückliche Skelette.
Doch man soll gesamtdeutsch denken,
wo sich Särge niedersenken,

daß sich an dem Massengrabe
auch das deutsche Ausland labe.

Auch die Brüder aus dem Osten
dürfen Leichenwasser kosten.
Endlich sind sie dann vereinigt
und die Spaltung ist bereinigt.
Alle Bayern, alle Sachsen
hör'n das Gras von unten wachsen.
Und gemeinsam aus der Grube
drücken sie noch auf die Tube.

Dieses Volk von Idealisten,
Weltbeglückern und Faschisten,
von Strategen und von Strebern
walhallt unter Hünengräbern.
Morgenrot, o Morgenrot,
leuchtest heim zum frohen Tod
allen Bossen und Genossen.
(Österreich wird angeschlossen.)

Unter Eichen, unter Linden,
eingezäunt von Birkenrinden,
von der Etsch bis an den Belt
ein gepflegtes Urnenfeld.
Von der Memel bis zur Maas
west-gesamtdeutsch dann das Aas,
jeder hat, was er begehrt:
Friedhof hat viel Freizeitwert!

Endlich kann das Land gesunden –
Smog und Abgas sind verschwunden,
denn die friedhöfliche Nutzung
stoppt perfekt die Luftverschmutzung.
Niemand wird nix mehr verschandeln,
ungestört darf man lustwandeln
unterm Himmel, der jetzt blauer,
rechts und links und auf der Mauer.

Wär die Frage aufzuwerfen:
Darf man so was wünschen derfen?
Darf im Ernst man so was meinen?
Das ist glattweg zu verneinen!
Nur ein Narrenhirn versteht's –
denn das Ganze is a Hetz!!

Und wann soll der Gspaß passieren,
wann ist Zeit zum Kondolieren?
Wann ersteht als »Schöne Leich'«
noch ein viertes Deutsches Reich?

SPIEGEL hat auch recherchiert,
daß so etwas nie passiert.
Trotzdem bin ich irritiert –
was, wenn sich der SPIEGEL irrt?

In dieser schönen Zeit

Der Klassenkampf wird vorüber sein,
der Himmel wird nicht einmal trüber sein,
und den meisten wird es so lieber sein
in dieser schönen Zeit.

Die Frauen werden emanzipierter sein,
die Grundstücksmakler eliminierter sein
und die Gesellschaftsveränderer frustrierter sein
in dieser schönen Zeit.

Die Chancen werden reeller sein,
die Funktionäre funktioneller sein,
die Superlative superlativer sein
und die Perspektiven etwas schiefer sein.

Die Massen werden vermasster sein,
die Außenseiter verhaßter sein
und enger werden die Raster sein
in dieser schönen Zeit.

Das Denken wird dann bequemer sein
und nur noch der Staat Unternehmer sein.
Und nirgendwo wird was zu rauben sein.
Und endlich wird wieder zu glauben sein!
Die Lehre wird wieder Lehrer sein
und jede Doktrin doktrinärer sein.
Das Spektrum des Geistes wird seichter sein
und darum wird alles viel leichter sein.

Der Klassenkampf, der wird vorüber sein.
Der Himmel wird nicht einmal trüber sein.
Und den meisten wird es so lieber sein
in dieser schönen Zeit.

Der Fortschritt wird endlich rapider sein
und rückschrittlich höchstens noch Lieder sein.
Und wieder wird jemand dawider sein
in dieser schönen Zeit.

Die Wissenschaft wird eine Muse sein
und Marx wird D'Annunzio samt Duse sein.
Recht altbacken wird jede Neuheit sein
und Kriege ausschließlich – in Freiheit sein.

Parolen werden wie Messer sein
und nässer sogar die Gewässer sein.
Nur die Menschen werden nicht besser sein
in dieser schönen Zeit.

Der Klassenkampf, der wird vorüber sein,
der Himmel wird nicht einmal trüber sein
und den meisten wird es so auch lieber sein
in dieser schönen Zeit.

Die Frauen werden emanzipierter sein,
die Grundstücksmakler eliminierter sein
und die Gesellschaftsveränderer frustrierter sein
in dieser schönen Zeit.

Und die Zeit
ist nicht weit
sei bereit.....

Die Wahrheit

Sie haben jetzt zwei Stunden mir zug'hört und g'lacht.
Vielleicht haben Sie sich sogar was dabei 'dacht.
Ich war für zwei Stunden sehr gern jetzt Ihr Narr.
Wäre eins noch zu sagen: Es ist alles net wahr!

    Die Wahrheit kannst du
    am Theater net sehn.
    Die Wahrheit wird
    in keiner Zeitung drin stehn.
    Um d'Wahrheit brauchst du
    keinen Dichter zu frag'n.
    Was wahr ist,
    das läßt sich mit Worten nicht sag'n.

Sie kann dich als Glaube und Liebe umschwirren.
Du bannst sie in Fakten und lernst recherchieren.
Du hältst sie in Sätzen und Bildern brav fest –
und dann steht alles da, doch es bleibt noch ein Rest.

    Dieser Rest ist die Wahrheit,
    der Rest wird nicht klar.
    Und du lügst was dazu
    und 's wird trotzdem net wahr.
    Und dann kommst du drauf
    und du glaubst es erst nicht,
    daß Wahrheit nur das ist,
    was sich immer wieder widerspricht.

Es hat, wie man weiß, schon Pilatus gefragt:
»Sag, was ist die Wahrheit?« – Und keiner hat's g'sagt.
Sie war Haß, Hysterie, Geschrei und Gebet.
Sie ist Sehnen und Tränen und Trivialität.

> Dreckige Fingernägel sind wahr.
> Und ein Toter auf der Bahr'.
> Eine große Idee –
> und die Tant' beim Kaffee.
> Nach der Arbeit ein Bier.
> Und ein Kind spielt Klavier.
> Aber mach draus a G'schicht,
> und schon stimmt alles nicht.

Und wenn's auch den Herren Ideologen nicht paßt:
Die Wahrheit ist das, was kein Slogan erfaßt.
Du kannst sie von Brecht haben, aus Marx destillieren.
Du kannst gegen sie recht haben und mit ihr dich irren!

> Die Wahrheit ist wie
> ein farbenblinder Stier.
> Du darfst auf ihm reiten,
> er spielt sich mit dir.
> Aber grad wenn du grün siehst,
> dann sieht der Stier rot.
> Und dann haut er dich in d' Luft
> und dann tritt er dich tot.

Die Wahrheit kann picksüß sein, blöd und brutal.
Die Wahrheit kennt alles, nur keine Moral.
Man hängt sie ihr um, doch sie braucht so was nicht.
Drum jetzt die Moral von der G'schicht:

»Je fester dir einer
die Wahrheit verspricht,
in Programmen und Predigten –
glaube ihm nicht!
Und geh zu den Gauklern,
den Clowns und den Narren.
Dort wirst du zwar nix –
doch das in Wahrheit – erfahren.«

Inhalt

Kaffee ist Kaffee ist Kaffee...

Aufhänger bitte!   7
Mach mal Pause   10
Apropos Transparenz   16
Hybranthropus   18
Kaffee ist Kaffee ist Kaffee...   20
Maxi Strassberg   33
Diese Zeit, die kommt nicht wieder   38

Kamera läuft

Live   43
Der Abgrund   47
Textvorschlag für den Sketch »An der Klippe«   59
Wie entsteht eine Fernsehsendung   65
Der Nichtfernseher   70

Ich bin aus Wien

Es ist net so wichtig   77
Die Wiener Mischung   80
Kannst net ausweichen, Trottel?   81
Mein Häusl im Salzkammergut   86
Woran denkt der Wiener, wenn er an Wien denkt   91
Antiquitäten wie du und ich   93
Das Vitrinerl   100

Chansons, Texte, Lieder

Viele singen von der Liebe   107
Bla bla bla   109
Wir haben es uns so gemütlich gemacht   112
Smile the American Way   114
Die Totale Nostalgie   119
Ich muß wieder in München sein   123
Schwabing 64   126
Die falschen Fragen   130
Der dämliche Refrain   133
Die verpaßte Gelegenheit   135
Es ist noch nicht so lange her   138
Efeu   139
Er hat noch einen Baum gepflanzt   141
Wie wirst du aussehn   142
Drei Frauen   144
Leere Augen   147
Ein deutscher Totentanz   149
In dieser schönen Zeit   156
Die Wahrheit   158

Die musikalischen Nummern sind mit freundlicher Genehmigung der Verlage Budde, Schneider, MPM, Wewerka und EPRO abgedruckt.

Wie entsteht eine Fernsehsendung	Musik: Ernst Stankovski
Es ist net so wichtig	Musik: Ernst Stankovski
Die Wiener Mischung	Musik: Ernst Stankovski
Kannst net ausweichen, Trottel?	Musik: Ernst Stankovski
Mein Häusl im Salzkammergut	Musik: Ernst Stankovski
Woran denkt der Wiener	Musik: Ernst Stankovski
Das Vitrinerl	Musik: Ernst Stankovski
Viele singen von der Liebe	Musik: Ernst Stankovski
Bla bla bla	Musik: Ernst Stankovski
Wir haben es uns so gemütlich gemacht	Musik: Erwin Halletz
Smile the American Way	Musik: Vincent Youmans Jim Wise
Ich muß wieder in München sein	Musik: Ernst Stankovski
Schwabing 64	Musik: Ernst Stankovski
Die falschen Fragen	Musik: Jürgen Knieper
Der dämliche Refrain	Musik: Ernst Stankovski
Die verpaßte Gelegenheit	Musik: Erwin Halletz
Efeu	Musik: Ernst Stankovski
Er hat noch einen Baum gepflanzt	Musik: Erwin Halletz
Wie wirst du aussehn	Musik: Ernst Stankovski
Drei Frauen	Musik: Ernst Stankovski
Leere Augen	Musik: Ernst Stankovski
In dieser schönen Zeit	Musik: Ernst Stankovski
An der Klippe	nach einem Original der BBC London
Live	nach George Melly